독자의 **1초**를 아껴주는 정성!

—

세상이 아무리 바쁘게 돌아가더라도

책까지 아무렇게나 빨리 만들 수는 없습니다.

인스턴트 식품 같은 책보다는

오래 익힌 술이나 장맛이 밴 책을 만들고 싶습니다.

길벗이지톡은 독자여러분이 우리를 믿는다고 할 때 가장 행복합니다.

나를 아껴주는 어학도서, 길벗이지톡의 책을 만나보십시오.

독자의 1초를 아껴주는 정성을 만나보십시오.

미리 책을 읽고 따라해본 2만 베타테스터 여러분과 무따기 체험단, 길벗스쿨 엄마 2% 기획단,

시나공 평가단, 토익 배틀, 대학생 기자단까지!

믿을 수 있는 책을 함께 만들어주신 독자 여러분께 감사드립니다.

니다.

o.kr

:o.kr

:o.kr

일본어

첫걸음

초급

중급

중국어

첫걸음

초급

중급

: 길벗이지톡 홈페이지에서 자료 받는 법 :

1

: 책 이름 검색 :

길벗이지톡 홈페이지(www.eztok.co.kr) 검색창에서
《중국어 필수 표현 무작정 따라하기》를 검색합니다.
[자료에 따라 로그인이 필요할 수 있습니다]

2

: 해당 도서 클릭 :

검색 후 나오는 화면에서 해당 도서를 클릭합니다.

3

: 부록/학습자료 클릭 :

해당 도서 페이지에서 '부록/학습자료'를 클릭합니다.

4

: 다운로드 :

제목을 클릭해 자료를 다운 받습니다.

중국어 필수 표현
무작정 따라하기

윤미희, 郭祎 지음

중국어 필수 표현 무작정 따라하기
The Cakewalk series – Essential Chinese Expressions

초판 발행 · 2016년 5월 10일

지은이 · 윤미희, 郭祎(Guo Yi)
발행인 · 김경숙
발행처 · 길벗이지톡
출판사 등록일 · 2000년 4월 14일
주소 · 서울시 마포구 월드컵로 10길 56(서교동)
대표 전화 · 02)332-0931 | **팩스** · 02)323-0586
홈페이지 · www.eztok.co.kr | **이메일** · eztok@gilbut.co.kr

기획 및 책임 편집 · 이민경(krystal@gilbut.co.kr) | **디자인** · 장기춘 | **제작** · 이준호, 손일순, 이진혁
영업마케팅 · 박성용, 김학흥 | **웹마케팅** · 고은애, 조승모 | **영업관리** · 심선숙 | **독자지원** · 송혜란, 정은주

편집진행 및 교정교열 · 이혜원 | **표지 일러스트** · 삼식이 | **전산편집** · 수(秀) 디자인
오디오 녹음 및 편집 · 와이알미디어 | **CTP 출력 및 인쇄** · 예림인쇄 | **제본** · 신정제본

ISBN 979-11-5924-026-3 03720
(길벗 도서번호 000810)

이 도서의 국립중앙도서관 출판시도서목록(CIP)은 서지정보유통지원시스템 홈페이지(http://seoji.nl.go.kr)와
국가자료공동목록시스템(http://www.nl.go.kr/kolisnet)에서 이용하실 수 있습니다. (CIP제어번호: CIP2016004717)

정가 13,000원

독자의 1초까지 아껴주는 정성 길벗출판사

(주)도서출판 길벗 | IT실용, IT/일반 수험서, 경제경영, 취미실용, 인문교양(더퀘스트) www.gilbut.co.kr
길벗이지톡 | 어학단행본, 어학수험서 www.eztok.co.kr
길벗스쿨 | 국어학습, 수학학습, 어린이교양, 주니어 어학학습, 교과서 www.gibutschool.co.kr

페이스북 · www.facebook.com/gilbutzigy
트위터 · www.twitter.com/gilbutzigy

필요한 표현만 골라 외워도 중국어로 대화가 된다!

중국인과 대화하는 상상만으로도 머리가 지끈거리고 땀부터 나는 분 많으시죠?
자신에게 필요한 표현만 골라 외우고 있어도 초보 티 안 내고 중국어로 유창하게
대화할 수 있습니다.

원어민이 쓰는 가장 쉬운 표현만 모았으니까.
이제 초보 티 내지 말고 자신 있게 말하세요!
이 책은 '응', '아니'와 같은 간단한 의사 표현부터 디테일한 감정 표현, 상황별/장
소별 자주 쓰는 표현, 중국 여행에 필요한 표현까지 '원어민이 실제 자주 쓰는 쉽
고 간단한 표현'을 기준으로 모았습니다. mp3 파일을 들으며 원어민 성우의 발
음을 듣고 따라 연습해 보세요. 연습할 때 실제 표현을 쓸 상황을 상상하며 연습
하면 어떤 상황에서도 누구나 초보 티 안 내고 자신 있게 중국어를 말할 수 있습
니다!

잠깐 암기해도 바로 써먹으니까.
하고 싶은 말만 골라 쓰세요!
우리말 뜻을 참고해 내가 평소 자주 쓰는 말부터 골라 외우는 것을 추천합니다.
중국어가 급하다면 지금 당장 필요한 표현을 골라 표시해 두고 필요할 때 참고해
말해 보세요. 문장이 어느 정도 익숙해졌다면 책속 부록으로 제공되는 단어를 이
용해 직접 문장을 만들어 보세요.

하고 싶은 말을 속 시원히 할 그날까지, 加油!

윤미희, 郭祎

---

thanks to

책이 출판되기까지 도움을 주신 많은 분들께 감사드립니다. 항상 좋은 책을 만들기 위해 힘써 주시는
길벗출판사와 좋은 연구자, 열정적인 교사가 될 수 있도록 다독여 주시고 격려해 주시는 백지훈,
김미순 교수님께 감사드립니다. 또한 가장 가까운 곳에서 응원해 주고 지지해 주는 손상혁, 김병훈 두
가족 모두와 열정적으로 수업에 참여해 주는 모든 학생들에게 이 기회를 빌려 감사 인사를 드립니다.

전체 마당

중국어 초보자에게 꼭 필요한 문장을 상황별로 모아 정리했습니다.

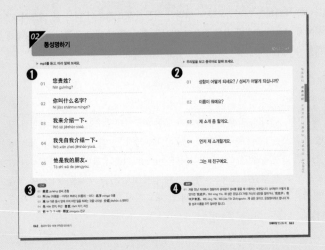

❶ **필수 표현**

왼쪽 페이지에는 5개의 중국어 문장이 제시됩니다. 중국어 문장을 보고 무슨 뜻일지 떠올려 보세요. mp3 파일을 듣고 한어병음을 참고해 말해 보세요.

❷ **우리말 해석**

오른쪽 페이지에는 우리말 해석이 제시됩니다. 우리말 해석을 보고 중국어 문장을 떠올려 보세요.

❸ **단어**

문장에 사용된 단어 중 새로 나온 단어를 빠짐없이 정리해 놓았습니다.

❹ **표현 설명/TIP**

중국어 문장이나 우리말 해석 시 알아두어야 할 내용을 정리했습니다.

회화로 복습하기

각 마디가 끝날 때마다 본문에서 배운 문장을 활용한 회화문이 제시됩니다. 본문 내용을 복습하고, 실제 쓰이는 상황과 뉘앙스까지 익힐 수 있습니다.

아하! 중국에서는

각 마당이 끝나면 본문 내용과 관련하여 알아둘 만한 중국 관련 정보를 실었습니다.

특별부록 : 주제별 단어 정리

책에 수록된 필수 표현에 추가하거나, 단어를 바꿔 말할 수 있도록 단어를 주제별로 정리했습니다.

일단 책을 펼치긴 했는데 혼자 공부하려니 막막하시다고요? 그래서 준비했습니다. 원어민 성우가 녹음한 mp3 파일과 함께 공부하면 어렵지 않습니다.

mp3 파일 활용법

모든 예문을 원어민 성우가 녹음한 mp3 파일을 제공합니다. 홈페이지에서 파일을 다운로드하세요.

홈페이지에서 다운로드하기

길벗이지톡 홈페이지(www.eztok.co.kr)에 접속한 후, 자료실에서 '중국어 필수 표현 무작정 따라하기'를 검색하세요.

mp3 파일 구성

기본 학습용

책에 수록된 필수 표현을 중국어만 남녀 각 1번씩 들려줍니다. 책에 있는 우리말 해석을 보며 학습할 때 활용하세요.

확인 및 복습용

필수 표현을 중국어 남자, 우리말 해석, 중국어 여자 순으로 1번씩 들려줍니다. 먼저 책으로 중국어 문장을 익힌 다음, 출퇴근 시간, 통학 시간, 자투리 시간에 확인 및 복습용 mp3 파일을 들으면 책 없이도 복습할 수 있습니다.

왕초보를 위한
간단 표현

01마디

좋다고 말할 때

기본 대답

▶ mp3를 듣고, 따라 말해 보세요.

01
嗯。
Èng.

02
是。
Shì.

03
好。
Hǎo.

04
对。
Duì.

05
行。
Xíng.

단어

01 **嗯** èng 대답, 승낙을 나타냄
02 **是** shì 예[대답], …이다
03 **好** hǎo 좋아, 됐다[찬성, 동의를 나타냄], 훌륭하다, 좋다
04 **对** duì 맞다, 옳다
05 **行** xíng 좋다, 괜찮다

▶ 우리말을 보고 중국어로 말해 보세요.

01	응.

02	그래요.

03	좋아요.

04	맞아요.

05	좋아요. / 괜찮아요.

표현

04 对와 是는 모두 '맞다'라는 뜻을 나타냅니다. 하지만, 对는 답이나 상황이 맞거나 올바를 때 '맞추다'라는 의미로, 是는 상대방이 말한 상황이나 내용이 맞을 때 '확인'의 의미로 주로 사용됩니다.

TIP

01 중국어는 우리말과 다르게 반말과 높임말의 구분이 명확하지 않습니다. 책에서는 높임말, 반말로 구분하여 해석하였지만, 상대방/장소/상황/분위기에 따라 알맞게 하면 됩니다.

기능과 이해

▶ mp3를 듣고, 따라 말해 보세요.

01
可以。
Kěyǐ.

02
会。
Huì.

03
知道了。
Zhīdào le.

04
明白了。
Míngbai le.

05
肯定行。
Kěndìng xíng.

단어

01 **可以** kěyǐ …해도 좋다[허가], …할 수 있다[가능]
02 **会** huì (배워서) …을 할 수 있다, …할 줄 알다
03 **知道** zhīdào 알다, 이해하다, 깨닫다
04 **明白** míngbai 알다, 이해하다
05 **肯定** kěndìng 확실히, 틀림없이

▶ 우리말을 보고 중국어로 말해 보세요.

01 (해도) 좋아요. / 가능해요.

....

02 할 수 있어요. / 할 줄 알아요.

....

03 알았어요.

....

04 이해했어요.

....

05 틀림없이 가능할 거야.

표현

02 会는 배워서 할 수 있게 되었거나, 여러 번의 연습을 통해 할 수 있게 된 경우에 사용합니다.

04 知道와 明白는 모두 '알다, 이해하다'라는 뜻이지만, 知道는 이전에 몰랐던 사실을 새로이 알게 되었을 때 사용하고, 明白는 맞는지 틀리는지 확실하게 알지 못했던 사실을 정확히 알게 되었을 때 사용합니다.

맞장구와 동의

▶ mp3를 듣고, 따라 말해 보세요.

01
没问题。
Méi wèntí.

02
当然了。
Dāngrán le.

03
就是呀。
Jiùshì ya.

04
也行。
Yě xíng.

05
我也是。
Wǒ yě shì.

단어

01 没 méi 없다 | 问题 wèntí 문제
02 当然 dāngrán 당연하다, 물론이다 | 了 le [동사나 형용사 뒤에서 동작이나 변화가 완료됨을 나타냄]
03 就是 jiùshì 그래, 맞다[강한 동의를 나타냄] | 呀 ya [문장 끝에 쓰여 강조를 나타냄]
04 也 yě …도 또한
05 我 wǒ 나, 저

▶ 우리말을 보고 중국어로 말해 보세요.

01 문제없어요.

02 당연하죠.

03 그러니까요.

04 그것도 좋아요.

05 저도 그래요.

표현

03 就是는 두말할 나위 없이 당연하다는 뜻으로, 상대방의 의견에 동의하거나 맞장구를 칠 때 사용합니다.

맞장구와 동의

▶ mp3를 듣고, 따라 말해 보세요.

06
不错。
Búcuò.

07
好主意。
Hǎo zhǔyi.

08
可不是。
Kěbúshi.

09
好极了。
Hǎo jíle.

10
完全同意。
Wánquán tóngyì.

단어

06 **不错** búcuò 좋다, 괜찮다
07 **主意** zhǔyi 의견, 생각
08 **可不是** kěbúshi 그렇다, 물론이다
09 **极了** jíle 매우, 정말
10 **完全** wánquán 완전히, 전적으로 **同意** tóngyì 동의하다, 찬성하다

▶ 우리말을 보고 중국어로 말해 보세요.

06   좋아요. / 괜찮아요.

07   좋은 생각이야.

08   왜 아니겠어요. / 그러게 말이야.

09   아주 좋아요.

10   100% 동의해요.

표현

06 不错에는 부정을 나타내는 不 bù가 있어 부정의 뜻 같아 보이지만, 긍정의 의미를 나타냅니다.
09 极了는 앞에 오는 단어의 뜻을 강조해 주는 역할을 합니다.

A **你结婚了吗?**
Nǐ jiéhūn le ma?

B **嗯，结婚了。**
Èng, jiéhūn le.

A **你会说英语吗?**
Nǐ huì shuō Yīngyǔ ma?

B **会。**
Huì.

A **你能帮我吗?**
Nǐ néng bāng wǒ ma?

B **没问题。**
Méi wèntí.

A **一起去吃饭吧。**
Yìqǐ qù chīfàn ba.

B **好主意。**
Hǎo zhǔyi.

해석 A 결혼하셨어요? B 네, 결혼했어요. / A 영어 할 줄 아세요? B 할 줄 알아요. / A 도와 주실 수 있나요? B 문제없어요. / A 같이 밥 먹으러 가요. B 좋은 생각이에요.

단어 **结婚** jiéhūn 결혼하다 | **吗** ma …이니?, …인가요? | **说** shuō 말하다 | **英语** Yīngyǔ 영어 | **能** néng …할 수 있다 | **帮** bāng 돕다 | **一起** yìqǐ 함께, 같이 | **去** qù 가다 | **吃饭** chīfàn 밥을 먹다 | **吧** ba …하자

02마디

·

싫다고 말할 때

기본 대답

▶ mp3를 듣고, 따라 말해 보세요.

01 **不。**
Bù.

02 **不是。**
Bú shì.

03 **不好。**
Bù hǎo.

04 **不对。**
Búduì.

05 **不行。**
Bùxíng.

단어

01 **不** bù 아니다[부정을 나타냄]

04 **不对** búduì 틀리다

05 **不行** bùxíng 안 된다, 허락하지 않다

▶ 우리말을 보고 중국어로 말해 보세요.

01   아니야.

....

02   아닙니다.

....

03   안 좋아. / 나빠요.

....

04   틀렸어요.

....

05   안 돼요.

TIP

02 不는 뒤에 오는 글자의 성조에 따라 성조가 바뀌어 발음 됩니다. 不 뒤에 4성, 경성인 글자가 오면 2
성으로 성조가 바뀌어 발음 되며, 1, 2, 3성인 글자가 不 뒤에 오면 원래 성조인 4성으로 발음 됩니다.

불가능과 이해하지 못할 때

▶ mp3를 듣고, 따라 말해 보세요.

01
不可以。
Bù kěyǐ.

02
不可能。
Bù kěnéng.

03
这不行。
Zhè bùxíng.

04
我想不是。
Wǒ xiǎng bú shì.

05
你错了。
Nǐ cuò le.

단어

02 **可能** kěnéng 가능하다
03 **这** zhè 이, 이것
04 **想** xiǎng 생각하다, …이라고 여기다
05 **错** cuò 틀리다, 맞지 않다

▶ 우리말을 보고 중국어로 말해 보세요.

01   안 돼요. / 못해요.

02   할 수 없어요. / 불가능해요.

03   이건 안 돼요.

04   제 생각에는 그렇지 않아요.

05   틀렸어요.

표현

01 不可以는 '…해서는 안 된다'라는 금지의 의미와 '…할 수 없다'라는 불가능의 의미를 모두 나타낼 수 있습니다.

불가능과 이해하지 못할 때

▶ mp3를 듣고, 따라 말해 보세요.

06
我不知道。
Wǒ bù zhīdào.

07
不清楚。
Bù qīngchu.

08
我不明白。
Wǒ bù míngbai.

09
不会吧。
Bú huì ba.

10
我不记得。
Wǒ bú jìde.

단어

07 **清楚** qīngchu 이해하다, 알다, 분명하다

09 **会** huì …할 것이다 | **吧** ba [문장 끝에 쓰여 가능, 추측을 나타냄]

10 **记得** jìde 기억하고 있다, 잊지 않고 있다

▶ 우리말을 보고 중국어로 말해 보세요.

06 모르겠어요.

07 잘 모르겠어요.

08 이해가 안 돼요.

09 설마요. / 아닐 거예요.

10 기억나지 않아요.

표현

07 어떤 상황에 대한 확신이 들지 않을 때 사용합니다.

09 여기서 吧는 '(아마) …할 거예요'처럼 추측의 의미로 사용되었지만, 吧는 때에 따라 '…하자', '…해라'라는 제안, 명령의 의미를 나타내기도 합니다.

반대와 금지

▶ mp3를 듣고, 따라 말해 보세요.

01 **我不同意。**
Wǒ bù tóngyì.

02 **我不赞成。**
Wǒ bú zànchéng.

03 **不可以这样。**
Bù kěyǐ zhèyàng.

04 **绝对不行。**
Juéduì bùxíng.

05 **别胡说。**
Bié húshuō.

단어

02 **赞成** zànchéng 찬성하다, 동의하다

03 **这样** zhèyàng 이렇게, 이와 같다

04 **绝对** juéduì 완전히, 절대로

05 **别** bié …하지 마라   **胡说** húshuō 말도 안 되는 소리를 하다

▶ 우리말을 보고 중국어로 말해 보세요.

01   동의할 수 없어요.

02   찬성하지 않아요.

03   그렇게 하면 안 돼요.

04   절대 안 돼요.

05   허튼소리 하지 마세요.

표현

03 不可以 대신 금지를 나타내는 别를 사용하여 "别这样。Bié zhèyàng." 이라고 해도 같은 의미
를 표현할 수 있습니다.

A 是这个吗?
Shì zhège ma?

B 不是。
Bú shì.

A 你知道地址吗?
Nǐ zhīdào dìzhǐ ma?

B 我不知道。
Wǒ bù zhīdào.

A 你明白我的意思吗?
Nǐ míngbai wǒ de yìsi ma?

B 我不明白。
Wǒ bù míngbai.

A 这样行吗?
Zhèyàng xíng ma?

B 绝对不行。
Juéduì bùxíng.

해석　A 이거예요? B 아니에요. / A 주소 아세요? B 몰라요. / A 제 뜻 이해하시겠어요?
B 잘 모르겠어요. / A 이렇게 해도 될까요? B 절대 안 돼요.

단어　这个 zhège 이, 이것 │ 地址 dìzhǐ 주소 │ 的 de …의 │ 意思 yìsi 의미, 뜻, 생각

03마디

모른다고 말할 때

호응과 공감

▶ mp3를 듣고, 따라 말해 보세요.

01	**是吗?** Shì ma?
02	**真的吗?** Zhēnde ma?
03	**对吗?** Duì ma?
04	**行吗?** Xíng ma?
05	**可以吗?** Kěyǐ ma?

단어

02 **真的** zhēnde 참으로, 정말로

▶ 우리말을 보고 중국어로 말해 보세요.

01 그래요?

02 진짜요?

03 맞아요?

04 괜찮아요?

05 해도 될까요?

준비마당

첫째마당

둘째마당

셋째마당

넷째마당

다섯째마당

TIP

01 문장 끝에 吗를 사용하면 '…니?, …해요, …예요?'와 같은 의문문을 만들 수 있습니다.

호응과 공감

▶ mp3를 듣고, 따라 말해 보세요.

06
也算是吧。
Yě suànshì ba.

07
那也不错。
Nà yě búcuò.

08
还算可以。
Hái suàn kěyǐ.

09
一般般吧。
Yìbānbān ba.

10
不一定吧。
Bù yídìng ba.

단어

06 **也** yě 그럭저럭, 그런대로[완곡한 느낌을 나타냄] | **算是** suànshì …인 셈이다, …으로 인정하다

07 **那** nà 그, 그것, 저, 저것

08 **还** hái 그만하면, 그런대로 | **算** suàn …이라고 여겨지다, …인 셈이다

09 **一般般** yìbānbān 보통이다

10 **一定** yídìng 반드시, 꼭

▶ 우리말을 보고 중국어로 말해 보세요.

06   그런 것 같아요.

07   그것도 좋네요.

08   나쁘지 않아요. / 그만하면 괜찮네요.

09   보통이에요.

10   반드시 그런 건 아니에요.

표현

06 算은 '…인 셈이다'처럼 가정이나 결과를 나타내기도 하지만, '따지지 않다. 그냥 넘기다'라는 뜻도 있습니다. 따라서 算了라고 쓰면 '됐어, 그만 둬'라는 의미를 나타냅니다.

08 100%는 아니지만, 어느 정도 만족했다는 느낌을 나타냅니다.

질문

▶ mp3를 듣고, 따라 말해 보세요.

01

谁?
Shéi?

02

什么时候?
Shénme shíhou?

03

在哪儿?
Zài nǎr?

04

为什么?
Wèishénme?

05

怎么样?
Zěnmeyàng?

단어

01 **谁** shéi 누구
02 **什么** shénme 무슨, 어떤, 어느[의문을 나타냄] **时候** shíhou 때, 시각
03 **在** zài …에 있다 **哪儿** nǎr 어느 곳, 어디
04 **为什么** wèishénme 왜, 어째서[원인과 목적을 물을 때 쓰임]
05 **怎么样** zěnmeyàng 어떻다, 어떠하냐

▶ 우리말을 보고 중국어로 말해 보세요.

01 누구세요?

02 언제요?

03 어디예요?

04 왜?

05 어때요?

표현

03 哪儿은 장소를 물을 때 사용하는 단어입니다. 哪儿 대신 '어디'라는 뜻의 哪里 nǎlǐ를 사용하여 "在哪里?"라고도 물을 수 있습니다.

05 어떤 상황이나 사물에 대한 상대방의 의견을 물을 때 사용합니다.

질문

▶ mp3를 듣고, 따라 말해 보세요.

06 **怎么了?**
Zěnme le?

07 **怎么办?**
Zěnme bàn?

08 **怎么回事儿?**
Zěnme huí shìr?

09 **好吗?**
Hǎo ma?

10 **好不好?**
Hǎo bu hǎo?

단어

06 **怎么** zěnme 어떻게, 어째서, 왜

07 **办** bàn 하다, 처리하다

08 **回** huí 일이나 동작의 횟수를 나타냄 | **事儿** shìr 일, 사정

▶ 우리말을 보고 중국어로 말해 보세요.

| 06 | 어떻게 된 거니? |

| 07 | 어떻게 해요? |

| 08 | 어떻게 된 일이에요? |

| 09 | 어때요? / 좋아요? |

| 10 | 어떤가요? |

표현

10 好不好처럼 긍정형과 부정형을 연달아 사용하여 의문을 나타낼 수 있습니다.

03

못 알아들었을 때

▶ mp3를 듣고, 따라 말해 보세요.

01
什么?
Shénme?

02
什么意思?
Shénme yìsi?

03
听不懂。
Tīng bu dǒng.

04
我不会说汉语。
Wǒ bú huì shuō Hànyǔ.

05
太难了。
Tài nán le.

단어

03 **听** tīng 듣다 ┃ **懂** dǒng 알다, 이해하다
04 **汉语** Hànyǔ 중국어
05 **太** tài 너무, 지나치게 ┃ **难** nán 어렵다

▶ 우리말을 보고 중국어로 말해 보세요.

01	뭐라고요?

02	무슨 뜻이에요?

03	못 알아들어요.

04	중국어를 못해요.

05	너무 어려워요.

표현

03 听不懂은 중국어 초보일 때 가장 많이 사용하게 되는 표현으로, '들어도 무슨 뜻인지 전혀 모른다' 라는 의미를 담고 있습니다. 예를 들어 중국인이 뭐라고 말했는데 중국어 초보라 단어도 모르고 무슨 말인지 해석도 잘 되지 않는 경우에 사용할 수 있습니다.

못 알아들었을 때

▶ mp3를 듣고, 따라 말해 보세요.

06
我没听见。
Wǒ méi tīngjiàn.

07
听不清楚。
Tīng bù qīngchu.

08
你说什么?
Nǐ shuō shénme?

09
请再说一遍。
Qǐng zài shuō yí biàn.

10
你说得太快了。
Nǐ shuō de tài kuài le.

단어

06 **听见** tīngjiàn 듣다, 들리다
08 **你** nǐ 너, 당신
09 **请** qǐng 부탁하다, …해 주세요 | **再** zài 재차, 다시 | **遍** biàn 번, 회
10 **得** de [동사나 형용사 뒤에 쓰여 결과나 정도를 나타내는 보어를 연결시킴] | **快** kuài 빠르다

▶ 우리말을 보고 중국어로 말해 보세요.

06 못 들었어요.

07 잘 들리지 않아요.

08 뭐라고 말씀하셨어요?

09 다시 한 번 말씀해 주세요.

10 말이 너무 빨라요.

표현

07 소리가 작거나 주변이 시끄러운 등 어떠한 이유로 소리가 분명히 들리지 않을 때 사용합니다. 예를 들어 대화를 하는데 상대방의 목소리가 너무 작아서 무슨 말인지 정확히 들리지 않을 때, 음악을 듣는데 음량이 작아서 노랫소리가 잘 들리지 않을 때, 전화를 하는데 통화 감이 좋지 않아서 무슨 말인지 끊기며 들릴 때 사용할 수 있습니다.

09 상대방에게 공손하게 부탁하고 싶다면 문장 앞에 请을 붙여 줍니다.

못 알아들었을 때

▶ mp3를 듣고, 따라 말해 보세요.

11
说慢一点好吗?
Shuō màn yìdiǎn hǎo ma?

12
你在跟我说话吗?
Nǐ zài gēn wǒ shuōhuà ma?

13
请写下来。
Qǐng xiěxiàlai.

14
请仔细说明一下。
Qǐng zǐxì shuōmíng yíxià.

15
请发短信给我。
Qǐng fā duǎnxìn gěi wǒ.

단어

11 **慢** màn 천천히 ┃ **一点** yìdiǎn 조금, 약간

12 **在** zài …하고 있다 ┃ **跟** gēn …에게, …를 향하여 ┃ **说话** shuōhuà 말하다, 이야기하다

13 **写** xiě 글씨를 쓰다 ┃ **下来** xiàlai [동사 뒤에 쓰여 동작의 완성이나 결과를 나타냄]

14 **仔细** zǐxì 자세하다, 꼼꼼하다 ┃ **说明** shuōmíng 설명하다, 해설하다 ┃ **一下** yíxià 좀 …해 보다

15 **发** fā 보내다, 발송하다 ┃ **短信** duǎnxìn 문자 메시지 ┃ **给** gěi …에게

▶ 우리말을 보고 중국어로 말해 보세요.

11	천천히 말씀해 주시겠어요?

12	제게 말씀하시는 건가요?

13	적어 주세요.

14	자세히 좀 설명해 주세요.

15	제게 문자 메시지 보내 주세요.

표현

12 在를 사용하면 진행의 의미를 나타낼 수 있습니다.
15 문자 메시지 외에 이메일, 편지 등을 보내는 것을 표현할 때도 发를 사용합니다.

의견과 생각을 말할 때

▶ mp3를 듣고, 따라 말해 보세요.

01
让我想想。
Ràng wǒ xiǎngxiang.

02
就听你的。
Jiù tīng nǐ de.

03
你说了算。
Nǐ shuōle suàn.

04
就照你说的办。
Jiù zhào nǐ shuō de bàn.

05
你做决定吧。
Nǐ zuò juédìng ba.

단어

01 **让** ràng …하게 하다, …하도록 시키다
02 **就** jiù [의미를 강조함] | **听** tīng 따르다, 받아들이다
03 **算** suàn 말한 대로 하다, 책임을 지다
04 **照办** zhàobàn …에 따라서 처리하다
05 **做** zuò 하다 | **决定** juédìng 결정

▶ 우리말을 보고 중국어로 말해 보세요.

01 생각 좀 해 볼게요.

02 당신 말 따를게요.

03 당신 뜻대로 하세요.

04 네가 하자는 대로 할게.

05 당신이 결정하세요.

표현

02 听의 가장 기본적인 뜻은 '듣다'지만, 이 표현에서는 '…의 의견을 따르다'라는 의미로 해석해야 합니다. 따라서 *你的* 역시 '너의 것'이 아닌, '너의 의견'이라고 해석하는 것이 자연스럽습니다.

A 这个怎么样?
Zhège zěnmeyàng?

B 一般般吧。
Yìbānbān ba.

A 这个不能用。
Zhège bù néng yòng.

B 为什么?
Wèishénme?

A 明天早上8点见。
Míngtiān zǎoshang bā diǎn jiàn.

B 请再说一遍。
Qǐng zài shuō yí biàn.

A 咱们去吃饭吧。
Zánmen qù chīfàn ba.

B 就听你的。
Jiù tīng nǐ de.

해석 **A** 이거 어때요? **B** 보통이에요. / **A** 이건 사용할 수 없어요. **B** 왜요? / **A** 내일 아침 8시에 봅시다. **B** 다시 한 번 말씀해 주세요. / **A** 우리 밥 먹으러 가요. **B** 당신 말 따를게요.

단어 用 yòng 사용하다 | 明天 míngtiān 내일 | 早上 zǎoshang 아침 | 点 diǎn 시 | 见 jiàn 만나다 | 咱们 zánmen 우리

숫자로 마음을 표현해요!

메시지를 보낼 때 'ㅇㅇ', 'ㅋㅋㅋ'와 같은 표현을 한 번쯤 사용해 본 경험 있으시죠? 중국인들도 중국어 발음과 유사하면서 표기가 간단한 숫자나 알파벳으로 된 인터넷 용어와 신조어를 많이 사용합니다. 그중 가장 대표적인 것이 바로 '520'이에요.

'520'의 발음은 'wǔ èr líng'인데, '我爱你。 Wǒ ài nǐ.'와 발음이 유사해 '사랑해'라는 뜻으로 널리 사용되고 있습니다. 또한 5월 20일과 5월 21일을 각각 여성을 위한 고백데이, 남성을 위한 고백데이로 정해 사랑을 고백하는 인터넷 문화도 생겼고, 이날을 길일이라고 생각해 결혼식이나 혼인 신고를 하는 사람도 많다고 합니다.

그 밖에 중국에서 자주 사용하는 인터넷 용어를 좀 더 알아 보고, 중국 친구에게 메시지를 보낼 때 적절하게 활용해 보세요!

인터넷 용어	의미		
520	我爱你	wǒ ài nǐ	사랑해
521	我愿意	wǒ yuànyì	사랑해
360	想念你	xiǎngniàn nǐ	보고 싶어
918	加油吧	jiāyóu ba	힘내
7456	气死我了	qìsǐ wǒ le	열 받아
837	别生气	bié shēngqì	화내지 마
687	对不起	duìbuqǐ	미안해
597	我走了	wǒ zǒu le	나 갈게
P9	啤酒	píjiǔ	맥주
3Q[三Q]	Thank you		고마워

상황별 인사 표현

01마디

·

만났을 때

인사와 안부 묻기

▶ mp3를 듣고, 따라 말해 보세요.

01
你好!
Nǐ hǎo!

02
您好!
Nín hǎo!

03
早上好!
Zǎoshang hǎo!

04
晚上好!
Wǎnshang hǎo!

05
晚安!
Wǎn'ān!

단어

02 **您** nín 당신[你의 존칭]
04 **晚上** wǎnshang 저녁

▶ 우리말을 보고 중국어로 말해 보세요.

01	안녕! / 안녕하세요!
02	안녕하세요!
03	좋은 아침이에요!
04	안녕하세요!
05	잘 자!

표현

01 가장 기본적인 인사 표현입니다.
02 주로 나이가 많은 상대, 처음 만난 사이, 업무상 만난 사이 등 격식을 차려야 할 때 사용합니다.
04 好 앞에 你 대신 早上, 晚上 등 때를 나타내는 단어를 넣으면 때에 맞는 인사를 할 수 있습니다.

인사와 안부 묻기

▶ mp3를 듣고, 따라 말해 보세요.

06
你好吗?
Nǐ hǎo ma?

07
你身体好吗?
Nǐ shēntǐ hǎo ma?

08
好久不见!
Hǎojiǔ bújiàn!

09
时间过得真快啊!
Shíjiān guò de zhēn kuài a!

10
最近过得好吗?
Zuìjìn guò de hǎo ma?

단어

07 **身体** shēntǐ 몸, 건강
08 **好久** hǎojiǔ 오랫동안 | **不见** bújiàn 만나지 않다
09 **时间** shíjiān 시간 | **过** guò 지내다, 보내다 | **真** zhēn 정말로, 진짜로 | **啊** a [문장 끝에 쓰여 감탄을 나타냄]
10 **最近** zuìjìn 요즘, 최근

▶ 우리말을 보고 중국어로 말해 보세요.

| 06 | 잘 지내십니까? |

| 07 | 건강은 어떠세요? |

| 08 | 오랜만이에요! |

| 09 | 시간 참 빠르네요! |

| 10 | 요즘 잘 지내세요? |

표현

06 이미 알고 지내는 사이에 안부를 묻는 표현으로, 처음 만난 사이에는 사용하지 않습니다. 상대방의 안부 인사에 '잘 지내요'라고 대답하고 싶다면 "我很好。Wǒ hěn hǎo."라고 하면 됩니다.

통성명하기

▶ mp3를 듣고, 따라 말해 보세요.

01
您贵姓?
Nín guìxìng?

02
你叫什么名字?
Nǐ jiào shénme míngzi?

03
我来介绍一下。
Wǒ lái jièshào yíxià.

04
我先自我介绍一下。
Wǒ xiān zìwǒ jièshào yíxià.

05
他是我的朋友。
Tā shì wǒ de péngyou.

단어

01 **贵姓** guìxìng 성씨, 존함
02 **叫** jiào (이름을) …이라고 부르다, (이름이) …이다 | **名字** míngzi 이름
03 **来** lái [다른 동사 앞에 쓰여 어떤 일을 하려는 것을 나타냄] | **介绍** jièshào 소개하다
04 **先** xiān 먼저, 우선 | **自我** zìwǒ 자기, 자신
05 **他** tā 그, 그 사람 | **朋友** péngyou 친구

▶ 우리말을 보고 중국어로 말해 보세요.

01　성함이 어떻게 되세요? / 성씨가 어떻게 되십니까?

02　이름이 뭐예요?

03　제 소개 좀 할게요.

04　먼저 제 소개할게요.

05　그는 제 친구예요.

표현

01　처음 만난 자리에서 정중하게 상대방의 성씨를 물을 때 사용하는 표현입니다. 상대방이 이렇게 물었다면 '我姓尹。Wǒ xìng Yǐn. 제 성은 윤입니다.'처럼 자신의 성만을 말하거나, '我姓尹。我叫尹章源。Wǒ xìng Yǐn. Wǒ jiào Yǐn Zhāngyuán. 제 성은 윤이고, 윤장원이라고 합니다.'처럼 성과 이름을 모두 말하면 됩니다.

▶ mp3를 듣고, 따라 말해 보세요.

06 我叫尹章源。
Wǒ jiào Yǐn Zhāngyuán.

07 我是三星公司的孙祥赫。
Wǒ shì Sānxīng Gōngsī de Sūn Xiánghè.

08 我是韩国人。
Wǒ shì Hánguórén.

09 认识你很高兴。
Rènshi nǐ hěn gāoxìng.

10 见到你很高兴。
Jiàndào nǐ hěn gāoxìng.

단어

06 尹 Yǐn 윤[성씨]

07 孙 Sūn 손[성씨]

08 韩国人 Hánguórén 한국인

09 认识 rènshi 알다 | 很 hěn 정말, 아주 | 高兴 gāoxìng 거쁘다, 즐겁다

10 到 dào …을 해내다

▶ 우리말을 보고 중국어로 말해 보세요.

06 저는 윤장원이라고 합니다.

07 저는 삼성의 손상혁입니다.

08 저는 한국 사람입니다.

09 알게 돼서 기뻐요.

10 만나 뵙게 돼서 반갑습니다.

표현

07 자기소개를 할 때 학교나 직장 등과 같은 소속과 함께 이름을 이야기하고 싶다면 '我是(소속 기관)的(이름)'으로 표현합니다.

TIP

08 한국인 외에 다른 나라 사람은 어떻게 표현하는지 알아두세요.

📝 中国人 Zhōngguórén 중국인 / 日本人 Rìběnrén 일본인 / 泰国人 Tàiguórén 태국인
美国人 Měiguórén 미국인 / 英国人 Yīngguórén 영국인 / 法国人 Fǎguórén 프랑스인

통성명하기

▶ mp3를 듣고, 따라 말해 보세요.

11 早就想认识你了!
Zǎojiù xiǎng rènshi nǐ le!

12 我们以前见过吧?
Wǒmen yǐqián jiànguo ba?

13 久仰大名!
Jiǔyǎng dàmíng!

14 初次见面请多多关照。
Chūcì jiànmiàn gǐng duōduō guānzhào.

15 保持联系!
Bǎochí liánxì!

단어

11 **早就** zǎojiù 이미, 벌써 | **想** xiǎng 바라다, …하고 싶다

12 **我们** wǒmen 우리 | **以前** yǐqián 예전, 이전 | **过** guo …한 적이 있다

13 **久仰** jiǔyǎng 존경한 지 오래다 | **大名** dàmíng 존함, 명성

14 **初次** chūcì 처음 | **见面** jiànmiàn 만나다 | **多** duō 많다 | **关照** guānzhào 돌보다, 보살피다

15 **保持** bǎochí 유지하다 | **联系** liánxì 연락(하다)

▶ 우리말을 보고 중국어로 말해 보세요.

11   뵙고 싶었어요!

12   우리 예전에 만난 적 있죠?

13   말씀 많이 들었어요!

14   처음 뵙겠습니다, 잘 부탁드려요.

15   계속 연락하고 지내요!

표현

12 과거의 경험에 대해 이야기할 때는 过를 4성이 아닌 경성으로 발음합니다.
14 우리말로는 '처음 뵙겠습니다(初次见面)', '잘 부탁드립니다(请多多关照)'처럼 두 문장으로 나눠 쓸 수 있지만, 중국어에서는 반드시 하나의 문장으로 표현해야 합니다.

A 你好，我叫尹章源。
　 Nǐ hǎo, wǒ jiào Yǐn Zhāngyuán.

B 久仰大名！
　 Jiǔyǎng dàmíng!

A 您贵姓?
　 Nín guìxìng?

B 我姓金。我叫金知敏。
　 Wǒ xìng Jīn. Wǒ jiào Jīn Zhīmǐn.

A 认识你很高兴。
　 Rènshi nǐ hěn gāoxìng.

B 认识你，我也很高兴。
　 Rènshi nǐ, Wǒ yě hěn gāoxìng.

해석　A 안녕하세요, 윤장원이라고 합니다.　B 말씀 많이 들었습니다!　A 성함이 어떻게 되세요?
B 성은 김이고, 김지민이라고 합니다.　A 알게 돼서 기쁘네요.　B 알게 돼서, 저도 반갑습니다.

단어　姓 xìng 성이 …이다 | 金 Jīn 김[성씨]

02마디

헤어질 때

자리를 떠나며 인사하기

▶ mp3를 듣고, 따라 말해 보세요.

01 **再见!**
Zàijiàn!

02 **拜拜!**
Báibai!

03 **一会儿见。**
Yíhuìr jiàn.

04 **下次见。**
Xiàcì jiàn.

05 **明天见。**
Míngtiān jiàn.

단어

03 **一会儿** yíhuìr 곧, 짧은 시간 내
04 **下次** xiàcì 다음 번

▶ 우리말을 보고 중국어로 말해 보세요.

01	잘 가! / 또 뵙겠습니다!

02	안녕!

03	이따 봐요.

04	다음에 봐.

05	내일 보자.

표현

02 拜拜는 再见과 더불어 헤어질 때 많이 쓰는 표현으로, 영어 'bye-bye'의 음역어입니다.

자리를 떠나며 인사하기

▶ mp3를 듣고, 따라 말해 보세요.

06

回头见。
Huítóu jiàn.

07

下星期见。
Xià xīngqī jiàn.

08

下礼拜二见。
Xià lǐbài'èr jiàn.

09

周末愉快。
Zhōumò yúkuài.

10

多保重。
Duō bǎozhòng.

단어

06 **回头** huítóu 잠시 후에, 이따가
07 **下** xià 다음 | **星期** xīngqī 주, 요일
08 **礼拜二** lǐbài'èr 화요일
09 **周末** zhōumò 주말 | **愉快** yúkuài 즐겁다, 기분이 좋다
10 **保重** bǎozhòng 건강에 주의하다, 몸조심하다

▶ 우리말을 보고 중국어로 말해 보세요.

06	잠시 후에 봬요. / 나중에 봬요.

07	다음 주에 봐.

08	다음 주 화요일에 봅시다.

09	주말 잘 보내세요.

10	건강에 유의하세요.

표현

07 星期 대신 같은 뜻을 나타내는 礼拜 lǐbài나 周 zhōu로 바꿔 사용해도 됩니다.

▶ mp3를 듣고, 따라 말해 보세요.

01
代我向他们问好。
Dài wǒ xiàng tāmen wènhǎo.

02
时间不早了。
Shíjiān bù zǎo le.

03
我走了。
Wǒ zǒu le.

04
我先走了。
Wǒ xiān zǒu le.

05
我先告辞了。
Wǒ xiān gàocí le.

단어

01 **代** dài 대신하다 | **向** xiàng …에게 | **他们** tāmen 그들 | **问好** wènhǎo 안부를 묻다, 문안드리다
02 **早** zǎo (때가) 이르다, 빠르다
03 **走** zǒu 떠나다, 가다
05 **告辞** gàocí 작별 인사를 하다

▶ 우리말을 보고 중국어로 말해 보세요.

01　　제 대신 그들에게 안부 전해 주세요.

02　　시간이 늦었네요.

03　　저 갑니다.

04　　먼저 갈게요.

05　　먼저 실례하겠습니다.

표현

02 뒤에 이어지는 말에 따라, 시간이 늦었으니 '그만 돌아가야겠다', '그만 자야겠다', '이만 해야겠다' 등의 의미를 나타낼 수 있습니다.

배웅하기

▶ mp3를 듣고, 따라 말해 보세요.

06 **请留步。**
Qǐng liúbù.

07 **别送了。**
Bié sòng le.

08 **有空常来。**
Yǒu kòng cháng lái.

09 **下次再来。**
Xiàcì zài lái.

10 **慢走。**
Mànzǒu.

단어

06 **留步** liúbù 나오지 마세요, 들어가세요
07 **送** sòng 배웅하다, 데려다주다
08 **空** kòng 틈, 겨를 | **常** cháng 자주, 종종 | **来** lái 오다

▶ 우리말을 보고 중국어로 말해 보세요.

06   나오지 마세요.

07   배웅하지 마세요.

08   시간 나면 자주 오세요.

09   다음에 또 오세요.

10   조심히 가세요.

표현

10   서로 알고 지내는 사이가 아니더라도 상점이나 식당에서 종업원이 손님을 배웅할 때도 사용할 수 있는 표현입니다.

A 那我就先告辞了。
Nà wǒ jiù xiān gàocí le.

B 还早，再坐一会儿吧。
Hái zǎo, zài zuò yíhuìr ba.

A 不了，我还有事儿。
Bù le, wǒ hái yǒu shìr.

B 那好吧。我送送你。
Nà hǎo ba. Wǒ sòngsong nǐ.

A 别送了，外面冷。
Bié sòng le, wàimian lěng.

B 好吧。路上小心。
Hǎo ba. Lùshang xiǎoxīn.

A 回头见。
Huítóu jiàn.

B 好的，有空常来。
Hǎode, yǒu kòng cháng lái.

해석 A 그럼 먼저 실례할게요. B 아직 이른데, 좀 더 앉아 있어요. A 아니에요, 아직 일이 있어서 요. B 그럼 그래요. 배웅해 줄게요. A 괜찮아요, 밖에 추워요. B 알았어요, 길 조심하세요. A 나중에 봐요. B 네, 시간 나면 자주 오세요.

단어 还 hái 아직 ｜ 坐 zuò 앉다 ｜ 那 nà 그럼, 그러면 ｜ 外面 wàimian 바깥, 밖 ｜ 冷 lěng 춥다 ｜ 路上 lùshang 길 가는 도중 ｜ 小心 xiǎoxīn 조심하다, 주의하다 ｜ 好的 hǎode 좋다, 좋아

감사하고 사과할 때

01

고마움 표현하기

▶ mp3를 듣고, 따라 말해 보세요.

01
谢谢!
Xièxie!

02
真是非常感谢!
Zhēnshi fēicháng gǎnxiè!

03
谢谢你的好意。
Xièxie nǐ de hǎoyì.

04
辛苦了!
Xīnkǔ le!

05
麻烦你了。
Máfan nǐ le.

단어

02 **真是** zhēnshi 정말로 | **非常** fēicháng 대단히, 아주 | **感谢** gǎnxiè 감사하다

03 **好意** hǎoyì 호의, 선의

04 **辛苦** xīnkǔ 수고하다, 고생하다

05 **麻烦** máfan 번거롭게 하다, 폐를 끼치다

▶ 우리말을 보고 중국어로 말해 보세요.

01 고맙습니다!

02 정말로 대단히 감사합니다!

03 호의에 감사드립니다.

04 수고하셨습니다!

05 번거롭게 해 드렸네요.

TIP

01 고마움을 표현하는 상대방에게 '不客气。 Bú kèqi. 별말씀을요', '不谢。 Bú xiè. 천만에요'와 같이 대답할 수 있습니다.

미안함 표현하기

▶ mp3를 듣고, 따라 말해 보세요.

01 **不好意思。**
Bù hǎoyìsi.

02 **对不起。**
Duìbuqǐ.

03 **很抱歉。**
Hěn bàoqiàn.

04 **对不起，打扰一下。**
Duìbuqǐ, dǎrǎo yíxià.

05 **是我失误了。**
Shì wǒ shīwù le.

단어

03 **抱歉** bàoqiàn 미안하게 생각하다
04 **打扰** dǎrǎo 폐를 끼치다
05 **失误** shīwù 실수하다

▶ 우리말을 보고 중국어로 말해 보세요.

01   미안해요.

---

02   죄송합니다.

---

03   정말 죄송합니다. / 사과드립니다.

---

04   죄송합니다, 실례 좀 할게요.

---

05   제가 실수했네요.

표현

01 不好意思는 사과의 뜻 외에 '부끄럽다'라는 의미도 있습니다.

TIP

02 정말 크게 잘못한 경우에는 对不起라고 사과하지만, 일상적인 가벼운 실수에는 不好意思를 더 많이 사용합니다.

감사와 사과에 답하기

▶ mp3를 듣고, 따라 말해 보세요.

01
没事儿。
Méi shìr.

02
别担心。
Bié dānxīn.

03
不要放在心上。
Búyào fàng zài xīnshang.

04
下次要多加小心。
Xiàcì yào duōjiā xiǎoxīn.

05
真是太遗憾了。
Zhēnshi tài yíhàn le.

단어

02 **担心** dānxīn 염려하다, 걱정하다

03 **不要** búyào …하지 마라, …해서는 안 된다 | **放** fàng 두다, 놓다 | **心上** xīnshang 마음속

04 **要** yào …해야 한다 | **多加** duōjiā 더 많이, 충분히

05 **遗憾** yíhàn 유감스럽다, 섭섭하다

▶ 우리말을 보고 중국어로 말해 보세요.

01 괜찮아요. / 별일 아니에요.

02 걱정하지 마.

03 마음에 담아 두지 마세요.

04 다음에는 더욱 조심하세요.

05 매우 유감입니다.

표현

01 没事儿은 고마움, 부탁, 사과에 대한 대답으로 두루 사용되며, 처한 상황에 따라 적절히 해석하면 됩니다.

TIP

04 "小心!"처럼 단독으로 사용하여 '조심해, 주의해'라는 주의 혹은 경계의 표현을 할 수 있습니다.

A 谢谢你的好意。
Xièxie nǐ de hǎoyì.

B 没事儿。
Méi shìr.

A 实在对不起。
Shízài duìbuqǐ.

B 别担心。
Bié dānxīn.

A 是我失误了。
Shì wǒ shīwù le.

B 下次要多加小心。
Xiàcì yào duōjiā xiǎoxīn.

A 全怪我。
Quán guài wǒ.

B 不要放在心上。
Búyào fàng zài xīnshang.

해석 　A 호의에 감사드립니다. B 별일 아니에요. / A 정말 죄송합니다. B 걱정하지 마세요. /
A 제가 실수했네요. B 다음에는 더욱 조심하세요. / A 다 제 탓이에요. B 마음에 담아 두지 마세요.

단어 　实在 shízài 정말, 참으로 | 全 quán 전부, 다 | 怪 guài 탓하다, 원망하다

04마디

·

축하하고
덕담을 나눌 때

축하 인사하기

▶ mp3를 듣고, 따라 말해 보세요.

01
节日快乐!
Jiérì kuàilè!

02
新年快乐!
Xīnnián kuàilè!

03
祝你春节快乐!
Zhù nǐ Chūnjié kuàilè!

04
恭喜发财!
Gōngxǐ fācái!

05
圣诞节快乐!
Shèngdànjié kuàile!

단어

01 **节日** jiérì 명절, 기념일 | **快乐** kuàilè 행복하다, 즐겁다
02 **新年** xīnnián 새해, 신년
03 **祝** zhù 기원하다, 축하하다 | **春节** Chūnjié 설날
04 **恭喜** gōngxǐ 축하하다 | **发财** fācái 큰 돈을 벌다, 부자가 되다
05 **圣诞节** Shèngdànjié 크리스마스, 성탄절

▶ 우리말을 보고 중국어로 말해 보세요.

01	즐거운 명절 보내세요!
02	새해 즐겁게 보내세요! / 새해 복 많이 받으세요!
03	새해 복 많이 받으세요!
04	부자 되세요!
05	메리 크리스마스!

표현

03 '祝你…快乐'를 사용하여 여러 가지 기념일 인사, 축하 인사를 할 수 있습니다.

TIP

03 春节는 음력 1월 1일, 즉 정월 초하루를 의미합니다. 신정인 양력 1월 1일은 元旦 Yuándàn입니다.

축하 인사하기

▶ mp3를 듣고, 따라 말해 보세요.

06
恭喜你!
Gōngxǐ nǐ!

07
恭喜恭喜!
Gōngxǐ gōngxǐ!

08
祝你生日快乐!
Zhù nǐ shēngrì kuàilè!

09
恭喜你结婚!
Gōngxǐ nǐ jiéhūn!

10
让我们干杯!
Ràng wǒmen gānbēi!

단어

08 生日 shēngrì 생일
10 干杯 gānbēi 건배하다

▶ 우리말을 보고 중국어로 말해 보세요.

06 축하드려요!

07 축하합니다!

08 생일 축하해요!

09 결혼 축하드려요!

10 우리 건배해요!

표현

08 생일을 앞둔 사람을 미리 축하해 주고 싶다면, 祝 대신 '미리 축하하다'라는 뜻의 预祝 yùzhù를 문장 앞에 붙이면 됩니다.

덕담하기

▶ mp3를 듣고, 따라 말해 보세요.

01

祝你来年一切顺利!

Zhù nǐ láinián yíqiè shùnlì!

02

祝你身体健康!

Zhù nǐ shēntǐ jiànkāng!

03

祝你早日康复!

Zhù nǐ zǎorì kāngfù!

04

祝您生意兴隆!

Zhù nín shēngyi xīnglóng!

05

祝你学业有成!

Zhù nǐ xuéyè yǒuchéng!

단어

01 **来年** láinián 내년, 다음 해 | **一切** yíqiè 전부, 모든 | **顺利** shùnlì 순조롭다

02 **健康** jiànkāng 건강하다

03 **早日** zǎorì 빨리, 조속히 | **康复** kāngfù 건강을 회복하다

04 **生意** shēngyi 사업, 비즈니스 | **兴隆** xīnglóng 번창하다, 크게 발전하다

05 **学业** xuéyè 학업 | **有成** yǒuchéng 성공하다, 성과가 있다

▶ 우리말을 보고 중국어로 말해 보세요.

01   내년에는 모든 일이 순조롭길 빕니다!

02   건강하세요!

03   빠른 쾌유를 빕니다!

04   사업이 번창하시길 바랍니다!

05   학업에 성과가 있기를 바랍니다!

표현

03 아픈 사람이 빨리 회복하길 바랄 때 사용합니다.

덕담하기

▶ mp3를 듣고, 따라 말해 보세요.

06
祝愿你和家人幸福安康!
Zhùyuàn nǐ hé jiārén xìngfú ānkāng!

07
祝愿你们白头偕老!
Zhùyuàn nǐmen báitóuxiélǎo!

08
祝百年好合!
Zhù bǎiniánhǎohé!

09
恭喜得子!
Gōngxǐ dézǐ!

10
祝小宝宝健康成长!
Zhù xiǎobǎobao jiànkāng chéngzhǎng!

단어

06 **祝愿** zhùyuàn 축원하다, 빌다 | **和** hé …와, …과 | **家人** jiārén 한 집안 사람 | **幸福** xìngfú 행복하다 | **安康** ānkāng 평안하고 건강하다

07 **你们** nǐmen 너희들, 당신들 | **白头偕老** báitóuxiélǎo 백년해로하다

08 **百年好合** bǎiniánhǎohé 부부가 평생 화목하게 살다

09 **得子** dézǐ 아들을 얻다

10 **小宝宝** xiǎobǎobao 귀염둥이, 아가 | **成长** chéngzhǎng 자라다, 성장하다

🔊 1_4_2.mp3

▶ 우리말을 보고 중국어로 말해 보세요.

06 가족 모두가 행복하고 평안하시길 바랍니다!

07 백년해로하세요!

08 평생 알콩달콩 잘 사세요!

09 득남을 축하합니다!

10 아이가 건강하고 무럭무럭 자라길 빕니다!

표현

08 7번, 8번의 표현 모두 결혼을 축하할 때 사용합니다.

TIP

09 딸을 낳은 사람에게는 '恭喜喜得千金! Gōngxǐ xǐ de qiānjīn! 득녀를 축하합니다!'라고 축하 인사를 합니다.

A 新年快乐!
Xīnnián kuàilè!

B 祝你新的一年万事如意!
Zhù nǐ xīn de yì nián wànshìrúyì!

A 祝你学业有成!
Zhù nǐ xuéyè yǒuchéng!

B 我会努力的。
Wǒ huì nǔlì de.

A 我晋升了!
Wǒ jìnshēng le!

B 恭喜你!
Gōngxǐ nǐ!

A 祝愿你们白头偕老!
Zhùyuàn nǐmen báitóuxiélǎo!

B 谢谢。
Xièxie.

해석 A 새해 즐겁게 보내세요! B 새로운 해 만사형통하세요! / A 학업에 성과가 있기를 바랍니다! B 열심히 하겠습니다. / A 저 승진했어요! B 축하드려요! / A 백년해로하세요! B 고마워요.

단어 新 xīn 새, 새로운 | 年 nián 해, 년 | 万事如意 wànshìrúyì 모든 일이 뜻대로 이루어지다 | 努力 nǔlì 노력하다 | 晋升 jìnshēng 승진하다, 진급하다

휴대폰 중국어 입력 설정하기

중국 친구나 지인에게 첫째마당에서 배운 명절 인사, 축하 인사 등을 활용해 간단한 메시지를 보내 볼까요? 휴대폰에 중국어 입력기를 설정해 두면 중국어로 메시지를 보내거나, 모르는 중국어를 검색할 때 유용하게 쓸 수 있습니다.

▲ 안드로이드 스마트폰   ▲ 아이폰

1 안드로이드 스마트폰

STEP 1 Play 스토어에서 'Sougou(搜狗输入法)' 앱을 검색 후 설치하세요.

STEP 2 휴대폰 '환경설정 〉 언어 및 입력'에서 설치한 입력기를 설정하세요.

STEP 3 자신에게 맞는 입력 방법(병음/필획/필기인식 등)을 선택해 설정하세요.

STEP 4 키보드의 설정에서 입력 언어를 '中文'으로 바꾸세요.

STEP 5 병음을 입력하고 원하는 한자를 선택하세요.

2 아이폰

STEP 1 휴대폰에서 '설정 〉 일반 〉 키보드'를 선택하세요.

STEP 2 새로운 키보드 추가 〉 '중국어(간체) – 병음'을 선택하세요.

STEP 3 키보드 하단의 지구본 모양을 누른 후 '简体拼音'을 선택하세요.

STEP 4 병음을 입력하고 원하는 한자를 선택하세요.

여러 가지 감정 표현

01마디

•

좋다고 느낄 때

01

기쁨과 즐거움

▶ mp3를 듣고, 따라 말해 보세요.

01 **哇!**
Wā!

02 **万岁!**
Wànsuì!

03 **太好了!**
Tài hǎo le!

04 **棒极了!**
Bàng jíle!

05 **我很高兴!**
Wǒ hěn gāoxìng!

단어

04 **棒** bàng 좋다, 뛰어나다, 훌륭하다

▶ 우리말을 보고 중국어로 말해 보세요.

01	와!
02	만세!
03	정말 좋다! / 정말 잘 됐다!
04	대박이다!
05	완전 신난다!

표현

01 哇는 뜻밖의 기쁜 일이 생겼을 때 혹은 감탄을 나타낼 때 사용합니다.

03 감탄이나 불만의 감정을 표현하고 싶을 때 '太…了'를 활용합니다. 很이 객관적인 상황에 쓰이는 반면 太는 다소 주관적인 감정을 나타냅니다.

기쁨과 즐거움

▶ mp3를 듣고, 따라 말해 보세요.

06 **太开心了。**
Tài kāixīn le.

07 **我太幸福了。**
Wǒ tài xìngfú le.

08 **感觉太好了!**
Gǎnjué tài hǎo le!

09 **我太激动了!**
Wǒ tài jīdòng le!

10 **真是太幸运了。**
Zhēnshi tài xìngyùn le.

단어

06 **开心** kāixīn 기쁘다, 즐겁다
08 **感觉** gǎnjué 감각, 느낌
09 **激动** jīdòng 감동하다, 흥분하다, 감격하다
10 **幸运** xìngyùn 운이 좋다, 행운이다

▶ 우리말을 보고 중국어로 말해 보세요.

| 06 | 너무 기뻐요. |

| 07 | 정말 행복해요. |

| 08 | 기분 끝내주는군! |

| 09 | 나 완전 흥분돼! / 가슴이 벅차올라요! |

| 10 | 정말로 운이 좋았어. |

표현

10 真是는 真是的처럼 사용하여 불만스런 감정을 나타내기도 합니다.

기쁨과 즐거움

▶ mp3를 듣고, 따라 말해 보세요.

11
这是真的吗?
Zhè shì zhēnde ma?

12
真是好消息!
Zhēnshi hǎo xiāoxi!

13
真像做梦一样啊!
Zhēn xiàng zuòmèng yíyàng a!

14
我高兴地睡不着觉。
Wǒ gāoxìng de shuìbuzháojiào.

15
你看起来心情不错呀!
Nǐ kànqǐlai xīnqíng búcuò ya!

단어

12 **消息** xiāoxi 소식, 뉴스

13 **像** xiàng 마치 …과 같다 | **做梦** zuòmèng 꿈을 꾸다 | **一样** yíyàng 같다, 동일하다

14 **地** de [앞의 단어나 구가 부사어임을 나타냄] | **睡觉** shuìjiào 잠을 자다 | **不着** buzháo …하지 못하다, …할 수 없다

15 **看起来** kànqǐlai 보아하니, 보기에 | **心情** xīnqíng 기분, 마음

▶ 우리말을 보고 중국어로 말해 보세요.

11	그게 정말인가요?
12	정말로 좋은 소식이네요!
13	진짜 꿈을 꾸는 것 같아!
14	좋아서 잠을 잘 수가 없었어.
15	기분 정말 좋아 보이네!

표현

13 믿을 수 없는 일이 일어났을 때 사용합니다.
14 하려고 했던 목적을 이루지 못했음을 나타낼 때 不着를 사용합니다.

놀라움과 신남

▶ mp3를 듣고, 따라 말해 보세요.

01 妈呀!
Mā ya!

02 真有你的!
Zhēn yǒu nǐ de!

03 怎么会!
Zěnme huì!

04 我的天哪!
Wǒ de tiān na!

05 怎么可能!
Zěnme kěnéng!

단어

01 妈 mā 엄마
04 天 tiān 하늘

▶ 우리말을 보고 중국어로 말해 보세요.

01	엄마야!
02	정말 대단하다!
03	어떻게 그럴 수 있어!
04	세상에!
05	그럴 리가!

표현

01 "我的妈呀!"라고도 표현할 수 있습니다.
04 간단히 "天哪!"라고만 표현해도 됩니다.

놀라움과 신남

▶ mp3를 듣고, 따라 말해 보세요.

06 真是太意外了。
Zhēnshi tài yìwài le.

07 难以置信！
Nányǐ zhìxìn!

08 真不敢相信！
Zhēn bùgǎn xiāngxìn!

09 太让人吃惊了！
Tài ràng rén chījīng le!

10 真是一个大惊喜！
Zhēnshi yí ge dà jīngxǐ!

단어

06 **意外** yìwài 의외의, 뜻밖의
07 **难以** nányǐ …하기 어렵다 ┊ **置信** zhìxìn 믿다
08 **不敢** bùgǎn 감히 …하지 못하다 ┊ **相信** xiāngxìn 믿다
09 **人** rén 사람 ┊ **吃惊** chījīng 놀라다
10 **个** ge 개 ┊ **大** dà 몹시, 대단히 ┊ **惊喜** jīngxǐ 놀랍고 기쁘다

▶ 우리말을 보고 중국어로 말해 보세요.

06	정말 뜻밖인데.

07	믿기지 않아!

08	정말 믿을 수가 없어!

09	정말 깜짝 놀랐어요!

10	정말로 놀랍고도 기쁜 일이네요!

> **표현**

09 吃는 흔히 '먹다'의 의미만 알고 있지만, 吃惊에서는 '…을 당하다, 입다'의 뜻을 나타냅니다.

놀라움과 신남

▶ mp3를 듣고, 따라 말해 보세요.

11 我太兴奋了。
Wǒ tài xīngfèn le.

12 我兴奋地睡不着觉。
Wǒ xīngfèn de shuìbuzháojiào.

13 我这是在做梦吗?
Wǒ zhè shì zài zuòmèng ma?

14 我做梦也没想到。
Wǒ zuòmèng yě méi xiǎngdào.

15 真不敢相信我的眼睛。
Zhēn bùgǎn xiāngxìn wǒ de yǎnjing.

단어

11 **兴奋** xīngfèn 흥분하다, 감동하다

14 **没想到** méi xiǎngdào 생각지도 못하다, 뜻밖이다

15 **眼睛** yǎnjing 눈

▶ 우리말을 보고 중국어로 말해 보세요.

11 나 진짜 흥분돼.

12 너무 들떠서 잠을 자지 못했어요.

13 나 지금 꿈 꾸고 있는 거지?

14 꿈에도 생각 못했어.

15 제 눈을 믿을 수가 없네요.

A 真不敢相信！
Zhēn bùgǎn xiāngxìn!

B 怎么了？
Zěnme le?

A 我的彩票中了。
Wǒ de cǎipiào zhòng le.

B 哇！真是好消息！
Wā! Zhēnshi hǎo xiāoxi!

A 是啊，真像做梦一样啊！
Shì a, zhēn xiàng zuòmèng yíyàng a!

B 你打算怎么办？
Nǐ dǎsuàn zěnme bàn?

A 还没想好，你有什么好建议？
Hái méi xiǎnghǎo, nǐ yǒu shénme hǎo jiànyì?

B 先存到银行吧。
Xiān cúndào yínháng ba.

해석 A 정말 믿을 수가 없어요! B 무슨 일이에요? A 복권에 당첨됐어요. B 왜! 정말로 좋은 소식이네요! A 그러게요, 진짜 꿈을 꾸는 것 같아요! B 어떻게 할 생각이에요? A 아직 생각해 보지 않았어요, 무슨 좋은 의견 있어요? B 우선 은행에 모아 두세요.

단어 **彩票** cǎipiào 복권 | **中** zhòng 맞추다, 당첨되다 | **打算** dǎsuàn …하려고 하다, …할 생각이다 | **好** hǎo [동사 뒤에 쓰여 동작이 잘 마무리 되었음을 나타냄] | **建议** jiànyì 제안, 건의 | **存** cún 모으다, 저축하다 | **银行** yínháng 은행

싫다고 느낄 때

화남과 분노

▶ mp3를 듣고, 따라 말해 보세요.

01 什么!
Shénme!

02 烦人!
Fánrén!

03 走开!
Zǒukāi!

04 闭嘴!
Bìzuǐ!

05 气死我了!
Qìsǐ wǒ le!

단어

02 **烦人** fánrén 귀찮게 하다, 짜증스럽게 하다

03 **走开** zǒukāi 비키다, 피하다

04 **闭嘴** bìzuǐ 입을 다물다

05 **气** qì 화내다, 성내다 | **死** sǐ …해 죽겠다

▶ 우리말을 보고 중국어로 말해 보세요.

01   뭐야!

02   지긋지긋하네! / 귀찮아!

03   꺼져!

04   입 다물어!

05   열 받아 죽겠어!

표현

05 정도가 극도로 심한 상태를 나타낼 때 중국어 역시 우리말처럼 '···해 죽겠다'라는 뜻으로 死를 사용해서 표현합니다.

📢 饿死了。Èsǐ le. 배고파 죽겠어.
　　累死了。Lèisǐ le. 피곤해 죽겠어.

화남과 분노

▶ mp3를 듣고, 따라 말해 보세요.

06
我很生气!
Wǒ hěn shēngqì!

07
我快气疯了。
Wǒ kuài qìfēng le.

08
别烦我!
Bié fán wǒ!

09
别碰我!
Bié pèng wǒ!

10
你别惹我!
Nǐ bié rě wǒ!

단어

06 **生气** shēngqì 화를 내다, 성질을 내다

07 **快** kuài 머지않아, 곧 | **气疯** qìfēng 미칠 듯이 화가 나다

08 **烦** fán 귀찮게 하다, 성가시게 하다

09 **碰** pèng 건드리다, 비위를 거슬리다, 집적거리다

10 **惹** rě (말이나 행동이) 상대방의 기분을 건드리다

▶ 우리말을 보고 중국어로 말해 보세요.

06	화났어요!

07	화가 나서 미칠 것 같아.

08	귀찮게 하지 마!

09	건드리지 마!

10	나한테 시비 걸지 마!

표현

07 새로운 상황이 머지않아 발생함을 나타낼 때 '곧 …할 것이다'라는 의미의 '快…了'를 사용합니다.
09 누군가와 우연히 마주친 경우에도 碰을 사용할 수 있습니다.

화남과 분노

▶ mp3를 듣고, 따라 말해 보세요.

11
真让人受不了!
Zhēn ràng rén shòubuliǎo!

12
太不像话了!
Tài búxiànghuà le!

13
你开什么玩笑!
Nǐ kāi shénme wánxiào!

14
胡说八道!
Húshuōbādào!

15
你胡扯!
Nǐ húchě!

단어

11 **受不了** shòubuliǎo 참을 수 없다, 견딜 수 없다
12 **不像话** búxiànghuà (말과 행동이) 이치에 맞지 않다
13 **开玩笑** kāiwánxiào 농담하다, 놀리다
14 **胡说八道** húshuōbādào 터무니 없는 말을 하다, 허튼소리를 하다
15 **胡扯** húchě 멋대로 지껄이다

▶ 우리말을 보고 중국어로 말해 보세요.

11	진짜 못 봐주겠다! / 정말 못 참겠어!

12	정말 말도 안 돼!

13	웃기지 매! / 무슨 장난이야!

14	헛소리하고 있네!

15	무슨 헛소리야!

표현

14 간단히 胡说로만 표현해도 됩니다.

화남과 분노

▶ mp3를 듣고, 따라 말해 보세요.

16 **你太让我失望了。**
Nǐ tài ràng wǒ shīwàng le.

17 **别再狡辩了!**
Bié zài jiǎobiàn le!

18 **我不想听你解释。**
Wǒ bù xiǎng tīng nǐ jiěshì.

19 **再也不想看到你了。**
Zàiyě bù xiǎng kàndào nǐ le.

20 **越想越生气。**
Yuè xiǎng yuè shēngqì.

단어

16 **失望** shīwàng 실망하다
17 **狡辩** jiǎobiàn 교활하게 억지 변명을 하다
18 **解释** jiěshì 해명하다, 설명하다
19 **再也** zàiyě 더 이상은, 더는 **看到** kàndào 보다, 눈이 닿다
20 **越** yuè …하면 할수록 …하다

▶ 우리말을 보고 중국어로 말해 보세요.

16 　 날 너무 실망시켰어.

17 　 다시는 변명하지 매!

18 　 당신 해명은 듣고 싶지 않아.

19 　 더 이상은 널 보고 싶지 않아.

20 　 생각할수록 화나네.

19 再也 뒤에는 주로 부정을 나타내는 말이 옵니다. 이때는 '다시는 …하지 않다'라는 강한 부정의 뉘 앙스를 나타냅니다.

20 越A越B를 사용하여 A의 변화에 따라 B도 같이 변화함을 나타낼 수 있습니다.

둘째마당 싫다고 느낄 때 _ 123

슬픔과 우울

▶ mp3를 듣고, 따라 말해 보세요.

01
我很伤心。
Wǒ hěn shāngxīn.

02
我很郁闷。
Wǒ hěn yùmèn.

03
我好想哭！
Wǒ hǎo xiǎng kū!

04
我太痛苦了。
Wǒ tài tòngkǔ le.

05
真丢脸啊！
Zhēn diūliǎn a!

단어

01 伤心 shāngxīn 슬퍼하다, 마음 아파하다
02 郁闷 yùmèn 우울하다, 마음이 답답하고 괴롭다
03 好 hǎo 정말로, 퍽 | 哭 kū 울다
04 痛苦 tòngkǔ 고통스럽다, 괴롭다
05 丢脸 diūliǎn 체면이 깎이다, 창피를 당하다

▶ 우리말을 보고 중국어로 말해 보세요.

01 너무 슬퍼요.

- -

02 너무 우울해.

- -

03 정말 울고 싶다!

- -

04 매우 고통스럽네요.

- -

05 진짜 창피해!

표현

03 好는 정도의 심함을 나타내며 감탄의 느낌을 주기도 합니다.

TIP

05 중국인은 체면을 매우 중시하기 때문에 타인 앞에서 체면이 깎이거나 무시 당하는 걸 굉장히 싫어
합니다. 그런 행동을 하는 건 '두 번 다시 보지 말자'라는 의사 표현이 될 수 있으므로 주의하세요.

슬픔과 우울

▶ mp3를 듣고, 따라 말해 보세요.

06 **真让人心疼。**
Zhēn ràng rén xīnténg.

07 **我心情沮丧。**
Wǒ xīnqíng jǔsàng.

08 **太让人伤心了。**
Tài ràng rén shāngxīn le.

09 **我的心都要碎了。**
Wǒ de xīn dōu yào suì le.

10 **我今天心情很糟。**
Wǒ jīntiān xīnqíng hěn zāo.

단어

06 **心疼** xīnténg 안타까워하다, 애석해 하다

07 **沮丧** jǔsàng 낙담하다, 실망하다

09 **心** xīn 마음, 가슴 | **都** dōu 모두, 다 | **要** yào …하려고 하다 | **碎** suì 부서지다, 깨지다

10 **今天** jīntiān 오늘 | **糟** zāo 불행하다, 순조롭지 못하다

▶ 우리말을 보고 중국어로 말해 보세요.

06   정말 애석하네요.

07   절망적이에요.

08   너무 마음이 아프네. / 너무 속상하네요.

09   가슴이 찢어지는 듯해요.

10   오늘 기분 정말 최악이야.

표현

08 '太让人…了'를 활용해 어떤 일이나 상황에 대한 자신의 감정을 나타낼 수 있습니다. 해석은 '…
하게 하네요' 정도로 하면 됩니다.

슬픔과 우울

▶ mp3를 듣고, 따라 말해 보세요.

---

11 **最近特别不顺心。**
Zuìjìn tèbié bú shùnxīn.

---

12 **我的心里堵得慌。**
Wǒ de xīnlǐ dǔdehuang.

---

13 **我心里特别不舒服。**
Wǒ xīnlǐ tèbié bù shūfu.

---

14 **我的心特别不好受。**
Wǒ de xīn tèbié bù hǎoshòu.

---

15 **我的身心备受煎熬。**
Wǒ de shēnxīn bèishòu jiān'áo.

단어

11 **特别** tèbié 특별히, 유달리 │ **顺心** shùnxīn 마음대로 되다, 뜻대로 되다

12 **心里** xīnlǐ 마음속 │ **堵** dǔ 답답하다 │ **得慌** dehuang 견딜 수 없이 …하다, 심하게 …하다

13 **舒服** shūfu (몸이나 마음이) 편안하다, 유쾌하다

14 **好受** hǎoshòu 기분이 좋다, 편안하다

15 **身心** shēnxīn 몸과 마음 │ **备受** bèishòu 실컷 당하다, 질리도록 당하다 │ **煎熬** jiān'áo 괴로움을 당하다, 시련을 겪다

▶ 우리말을 보고 중국어로 말해 보세요.

11 요즘은 유독 일이 뜻대로 안 풀리네.

----

12 답답해 죽겠어 진짜.

----

13 마음이 너무 불편해.

----

14 마음이 너무 언짢네.

----

15 몸도 마음도 너무 지쳤어.

표현

12 육체적, 정신적으로 견디기 힘든 것을 표현할 때 '…得慌'을 사용합니다.

　　⑩ 饿得慌。Èdehuang. 견딜 수 없이 배고프다.

　　闷得慌。Mēndehuang. 우울해 죽겠어.

A 你怎么了?
Nǐ zěnme le?

B 我很生气!
Wǒ hěn shēngqì!

A 生什么气呀?
Shēng shénme qì ya?

B 我跟男朋友吵架了。
Wǒ gēn nánpéngyou chǎojià le.

A 为什么吵架?
Wèishénme chǎojià?

B 他忘了昨天是我的生日。
Tā wàngle zuótiān shì wǒ de shēngrì.

A 太不像话了!
Tài búxiànghuà le!

B 所以我今天心情很糟。
Suǒyǐ wǒ jīntiān xīnqíng hěn zāo.

해석) A 무슨 일이에요? B 화가 나요! A 화낼 게 뭐가 있어요? B 남자 친구와 다퉜어요. A 왜 다퉜어요? B 어제가 제 생일인 걸 잊었지 뭐예요. A 정말 말도 안 되네요! B 그래서 오늘 기분 정말 최악이에요.

단어) 跟 gēn …와, …과 | 男朋友 nánpéngyou 남자 친구 | 吵架 chǎojià 다투다, 말다툼하다 | 忘 wàng 잊다 | 昨天 zuótiān 어제 | 所以 suǒyǐ 그래서, 그런 까닭으로

03마디

다른 감정을 느낄 때

긴장과 무서움

▶ mp3를 듣고, 따라 말해 보세요.

01
我好紧张啊。
Wǒ hǎo jǐnzhāng a.

02
我的心怦怦直跳。
Wǒ de xīn pēngpēngzhítiào.

03
我的手心都出汗了。
Wǒ de shǒuxīn dōu chū hàn le.

04
真替你捏了一把汗。
Zhēn tì nǐ niēle yì bǎ hàn.

05
气氛好紧张啊。
Qìfēn hǎo jǐnzhāng a.

단어

01 **紧张** jǐnzhāng (정신적으로) 긴장해 있다, 불안하다
02 **怦怦直跳** pēngpēngzhítiào 가슴이 두근두근 뛰다
03 **手心** shǒuxīn 손바닥 | **出** chū 나다, 발생하다 | **汗** hàn 땀
04 **替** tì …때문에, …를 위하여 | **捏** niē (손으로) 잡다, 쥐다 | **把** bǎ 줌, 움큼
05 **气氛** qìfēn 분위기

▶ 우리말을 보고 중국어로 말해 보세요.

01 너무 긴장돼요.

02 가슴이 두근거려요.

03 손바닥이 온통 땀투성이야.

04 너 때문에 손에 땀을 쥐었어.

05 긴장감이 도네요.

표현

02 怦은 심장이 뛰는 소리를 표현한 의성어입니다.

04 불안이나 긴장으로 마음 졸일 때 사용하는 표현입니다. 시험이나 경기를 막 마친 상대방에게 이 표현을 활용해 보세요.

01

긴장과 무서움

▶ mp3를 듣고, 따라 말해 보세요.

06	**哎呀!** Āiyā!
07	**吓死我了!** Xiàsǐ wǒ le!
08	**吓我一跳!** Xià wǒ yí tiào!
09	**我很害怕!** Wǒ hěn hàipà!
10	**想起来就害怕!** Xiǎngqǐlai jiù hàipà!

단어

07 **吓** xià 놀라다, 무서워하다
08 **跳** tiào 두근거리다, 뛰다
09 **害怕** hàipà 두려워하다, 두렵다, 겁내다
10 **想起来** xiǎngqǐlai 생각이 나다, 떠올리다

▶ 우리말을 보고 중국어로 말해 보세요.

06　　어머나!

07　　깜짝이야!

08　　깜짝 놀랐잖아!

09　　정말 무서워요!

10　　생각만 해도 무섭다!

긴장과 무서움

▶ mp3를 듣고, 따라 말해 보세요.

11
我汗毛都竖起来了。
Wǒ hànmáo dōu shùqǐlai le.

12
我起了一身鸡皮疙瘩。
Wǒ qǐle yìshēn jīpígēda.

13
我吓得浑身发抖。
Wǒ xià de húnshēn fādǒu.

14
现在想起来就后怕。
Xiànzài xiǎngqǐlai jiù hòupà.

15
他吓得脸色苍白。
Tā xià de liǎnsè cāngbái.

단어

11 **汗毛** hànmáo 솜털 | **竖** shù 똑바로 세우다, 곧게 세우다

12 **起** qǐ 돋다, 생기다 | **一身** yìshēn 온몸, 전신 | **鸡皮疙瘩** jīpígēda 소름, 닭살

13 **浑身** húnshēn 전신, 온몸 | **发抖** fādǒu 벌벌 떨다, 달달 떨다

14 **现在** xiànzài 지금, 현재 | **后怕** hòupà 일이 발생한 후에 무서움을 느끼다

15 **脸色** liǎnsè 안색, 얼굴색 | **苍白** cāngbái 창백하다

▶ 우리말을 보고 중국어로 말해 보세요.

11   솜털이 다 섰어요.

12   온몸에 닭살 돋았어.

13   놀라서 온몸이 다 부들부들 떨리네.

14   지금 생각해 보니 너무 무서워.

15   그 사람 놀라서 안색이 창백해졌어.

표현

12 두렵거나 추위로 인해 몸에 소름이 돋은 모습이 털이 뽑힌 닭의 피부와 같다고 하여 鸡皮疙瘩라고 표현합니다.

위로와 격려

▶ mp3를 듣고, 따라 말해 보세요.

01	**别怕!** Bié pà!
02	**别紧张。** Bié jǐnzhāng.
03	**镇静点儿!** Zhènjìng diǎnr!
04	**放松点儿。** Fàngsōng diǎnr.
05	**不用担心。** Búyòng dānxīn.

단어

01 **怕** pà 무서워하다, 두려워하다
03 **镇静** zhènjìng 냉정하다, 침착하다
04 **放松** fàngsōng 정신적, 육체적 긴장을 풀다, 이완하다
05 **不用** búyòng …할 필요 없다

▶ 우리말을 보고 중국어로 말해 보세요.

01   두려워하지 마!

02   긴장하지 마.

03   진정해!

04   긴장 풀어.

05   걱정할 필요 없어.

표현

03 镇静을 '침착하다'라는 뜻의 冷静 lěngjìng으로 바꿔 표현해도 됩니다. 镇静 뒤의 点儿은 一点儿에서 一가 생략된 것입니다.

05 不用 대신 금지를 나타내는 别를 사용해도 같은 의미를 나타낼 수 있습니다.

위로와 격려

▶ mp3를 듣고, 따라 말해 보세요.

06 **别责备自己了。**
Bié zébèi zìjǐ le.

07 **这不是你的错。**
Zhè bú shì nǐ de cuò.

08 **别伤心了。**
Bié shāngxīn le.

09 **这没什么。**
Zhè méi shénme.

10 **想开一点。**
Xiǎngkāi yìdiǎn.

단어

06 **责备** zébèi 탓하다, 책망하다 | **自己** zìjǐ 자신, 스스로
07 **错** cuò 잘못, 착오
09 **没什么** méi shénme 괜찮다, 상관없다
10 **想开** xiǎngkāi 털어 버리다, 연연해 하지 않다

▶ 우리말을 보고 중국어로 말해 보세요.

06 자책하지 마.

07 이건 당신 잘못이 아니에요.

08 상심하지 마.

09 이건 별거 아니야. / 이건 아무것도 아니에요.

10 좋게 생각해요. / 털어 버려요.

위로와 격려

▶ mp3를 듣고, 따라 말해 보세요.

11 **用不着害怕。**
Yòngbuzháo hàipà.

12 **小事一桩。**
Xiǎoshì yì zhuāng.

13 **没什么大不了的。**
Méi shénme dàbuliǎo de.

14 **别想太多了。**
Bié xiǎng tài duō le.

15 **要相信自己。**
Yào xiāngxìn zìjǐ.

단어

11 **用不着** yòngbuzháo 필요치 않다, 쓸모없다

12 **小事** xiǎoshì 사소한 일 **桩** zhuāng 가지, 건

13 **大不了** dàbuliǎo 대단하다, 매우 중대하다

▶ 우리말을 보고 중국어로 말해 보세요.

| 11 | 무서워할 필요 없어요. |

| 12 | 사소한 일이야. |

| 13 | 뭐 그리 대단한 것도 아니야. |

| 14 | 너무 깊게 생각하지 마. |

| 15 | 자신을 믿어. |

표현

13 발생한 문제가 대수롭지 않거나 그리 심각하지 않음을 나타냅니다. 상대방의 부탁 혹은 상대방에게
고마움을 표시할 때 겸양의 표현으로 사용하기도 합니다.

위로와 격려

▶ mp3를 듣고, 따라 말해 보세요.

16 **加油！**
Jiāyóu!

17 **好好干！**
Hǎohǎo gàn!

18 **坚持下去！**
Jiānchíxiàqu!

19 **要有信心！**
Yào yǒu xìnxīn!

20 **打起精神来！**
Dǎqǐjīngshenlai!

단어

16 **加油** jiāyóu 힘을 내다, 기운을 내다
17 **好好** hǎohǎo 힘을 다해, 잘 | **干** gàn (일을) 하다
18 **坚持** jiānchí 견지하다, 고수하다 | **下去** xiàqu [동사 뒤에 쓰여 지금부터 앞으로 계속 지속됨을 나타냄]
19 **信心** xìnxīn 자신감, 확신
20 **打** dǎ 들다, 들어 올리다 | **精神** jīngshen 원기, 활력

▶ 우리말을 보고 중국어로 말해 보세요.

| 16 | 파이팅! |

| 17 | 잘 해! |

| 18 | 끝까지 계속해 나아가세요! / 참고 버텨 봐요! |

| 19 | 자신감을 가져! |

| 20 | 기운 내! |

표현

16 加油는 응원할 때 중국인들이 많이 사용하는 구호 중 하나입니다.

17 입말에서는 얼화 시켜 好好儿 hǎohāor로 많이 사용합니다. 이때 두 번째 오는 好는 1성으로 발음하는 것에 주의하세요.

위로와 격려

▶ mp3를 듣고, 따라 말해 보세요.

21
你能行的。
Nǐ néng xíng de.

22
一定要振作。
Yídìng yào zhènzuò.

23
我相信你能做好。
Wǒ xiāngxìn nǐ néng zuòhǎo.

24
希望你积极面对。
Xīwàng nǐ jījí miànduì.

25
一切都会好起来的。
Yíqiè dōu huì hǎoqǐlai de.

단어

22 振作 zhènzuò 활기를 찾다

24 希望 xīwàng 바라다, 희망하다 │ 积极 jījí 긍정적 │ 面对 miànduì 마주 보다, 마주 대하다

▶ 우리말을 보고 중국어로 말해 보세요.

21 넌 할 수 있을 거야.

22 꼭 기운 내야 해.

23 네가 해낼 거라고 믿어.

24 긍정적으로 생각했으면 좋겠어.

25 모든 게 잘될 거야.

A 喂！
　Wèi!

B 哎呀，吓死我了！
　Āiyā, xiàsǐ wǒ le!

A 你怎么了？
　Nǐ zěnme le?

B 我刚看了一个恐怖电影。
　Wǒ gāng kànle yí ge kǒngbù diànyǐng.

A 你看起来很疲惫。
　Nǐ kànqǐlai hěn píbèi.

B 我被公司裁员了。
　Wǒ bèi gōngsī cáiyuán le.

A 我很同情你。打起精神来！
　Wǒ hěn tóngqíng nǐ. Dǎqǐjīngshenlai!

B 谢谢你安慰我。
　Xièxie nǐ ānwèi wǒ.

해석 A 야! B 어머나, 깜짝이야! A 왜 그래? B 방금 전에 공포 영화를 봤거든. / A 몹시 지쳐 보여요. B 회사에서 정리 해고 당했어요. A 유감이네요. 기운 내세요! B 위로해 주셔서 감사해요.

단어 喂 wèi 야, 이봐[타인을 부르는 말] │ 刚 gāng 방금, 막 │ 恐怖 kǒngbù 공포 │ 电影 diànyǐng 영화 │ 疲惫 píbèi 몹시 지치다 │ 被 bèi …에게 …을 당하다 │ 公司 gōngsī 회사 │ 裁员 cáiyuán 인원을 줄이다 │ 同情 tóngqíng 동정하다, 공감하다 │ 安慰 ānwèi 위로하다

중국 사람들의 거절 방법

중국 사람들은 상대방의 의견이나 제안에 반대할 때 '아니요' 하고 직접적으로 말하지 않고, 상대방의 의견을 존중한다는 의사를 표시한 다음 자신이 하고자 하는 이야기를 합니다. 또한, 중요한 일을 바로 거절하는 것은 상대방을 무시하는 것이라고 생각하기 때문에, '생각해 볼게요', '고려해 볼게요'와 같이 돌려 말하는 식으로 완곡하게 거절 의사를 표현한다고 합니다. 중국 사람들의 이러한 언어 습관은 자신과 상대방의 체면을 유지하기 위함이라고 하니, 중국과 중요한 비즈니스를 하고 계신 분들은 이 점을 꼭 기억해 두세요.

표현 알아보기

- 我同意你所说的，但是…　　당신 이야기에 동의합니다, 하지만…
  Wǒ tóngyì nǐ suǒ shuō de, dànshì…

- 你的观点很好，可是…　　당신 의견은 참 좋습니다, 그렇지만…
  Nǐ de guāndiǎn hěn hǎo, kěshì…

- 听起来很有意思，我们回去考虑一下。
  Tīngqǐlai hěn yǒu yìsi, wǒmen huíqù kǎolǜ yíxià.
  흥미로운 이야기네요, 돌아가서 생각해 보겠습니다.

프리토킹을 위한
대화 속 표현

01마디

·

대화를 시작할 때

기본적인 질문

▶ mp3를 듣고, 따라 말해 보세요.

01
今天天气真好。
Jīntiān tiānqì zhēn hǎo.

02
请问，您有时间吗?
Qǐngwèn, nín yǒu shíjiān ma?

03
咱们聊聊天吧。
Zánmen liáoliaotiān ba.

04
我有话跟你说。
Wǒ yǒu huà gēn nǐ shuō.

05
能跟您谈谈吗?
Néng gēn nín tántan ma?

단어

01 **天气** tiānqì 날씨
02 **请问** qǐngwèn 실례합니다, 말씀 좀 여쭙겠습니다
03 **聊天** liáotiān 잡담하다, 한담하다
04 **话** huà 말, 이야기
05 **谈** tán 말하다, 이야기하다

▶ 우리말을 보고 중국어로 말해 보세요.

01 오늘 날씨 참 좋네요.

02 실례합니다, 시간 있으세요?

03 우리 수다 좀 떨자.

04 너한테 할 말 있어.

05 당신과 이야기 좀 나눌 수 있을까요?

표현

02 请问을 문장 앞에 붙이면 좀 더 공손하게 묻는 표현이 됩니다.

03 咱们은 듣는 사람과 말하는 사람을 모두 포함하는 '우리'입니다.

TIP

01 상대방과의 친근함의 정도에 따라 날씨나 근황에 대한 물음으로 대화를 시작할 수 있습니다. 중국인은 친한 사이에서는 주로 '밥 먹었니?'라는 뜻의 '吃饭了吗?'를 사용해 인사합니다. 진짜로 상대방이 밥을 먹었는지 궁금하다기보다는 가벼운 인사말의 느낌으로 이해하세요.

기본적인 질문

▶ mp3를 듣고, 따라 말해 보세요.

06
有个问题想问一下。
Yǒu ge wèntí xiǎng wèn yíxià.

07
可以问个私人问题吗?
Kěyǐ wèn ge sīrén wèntí ma?

08
你从哪儿来?
Nǐ cóng nǎr lái?

09
你是哪里人?
Nǐ shì nǎlǐ rén?

10
你住在哪儿?
Nǐ zhù zài nǎr?

단어

06 问 wèn 묻다
07 私人 sīrén 개인의, 사적인
08 从 cóng …에서, …로부터
09 哪里 nálǐ 어디, 어느 곳
10 住 zhù 살다, 거주하다

▶ 우리말을 보고 중국어로 말해 보세요.

06   질문 하나 할게요.

07   사적인 질문 하나 해도 될까요?

08   어디에서 오셨어요?

09   어디 사람이에요?

10   어디 사세요?

표현

08 从을 사용하여 장소나 시간의 출발점을 나타낼 수 있습니다.

▶ mp3를 듣고, 따라 말해 보세요.

11 你的老家在哪儿?
Nǐ de lǎojiā zài nǎr?

12 你是什么地方的人?
Nǐ shì shénme dìfang de rén?

13 我从韩国来。
Wǒ cóng Hánguó lái.

14 我是首尔人。
Wǒ shì Shǒu'ěr rén.

15 我住在江南区。
Wǒ zhù zài Jiāngnán Qū.

단어

11 **老家** lǎojiā 고향, 고향 집
12 **地方** dìfang 장소, 곳, 지역
13 **韩国** Hánguó 한국, 대한민국
14 **首尔** Shǒu'ěr 서울
15 **江南区** Jiāngnán Qū 강남구

▶ 우리말을 보고 중국어로 말해 보세요.

11	고향이 어디예요?

12	어느 지역 사람이에요?

13	한국에서 왔습니다.

14	서울 사람이에요.

15	강남구에 살아요.

표현

11 故乡 gùxiāng 역시 고향을 뜻하는 단어지만, 입말에서는 老家를 더 많이 사용합니다.

TIP

15 자신이 살고 있는 지역의 중국어 표현을 알아두었다가 표현에서처럼 활용해 보세요.

예 首尔 Shǒu'ěr 서울 / 京畿道 Jīngjī Dào 경기도 / 仁川 Rénchuān 인천 / 大田 Dàtián
대전 / 光州 Guāngzhōu 광주 / 大邱 Dàqiū 대구 / 釜山 Fǔshān 부산 / 蔚山 Wèishān
울산 / 济州岛 Jìzhōu Dǎo 제주도

중국 관련 이야기

▶ mp3를 듣고, 따라 말해 보세요.

01
你觉得中国怎么样?
Nǐ juéde Zhōngguó zěnmeyàng?

02
我觉得环境不错。
Wǒ juéde huánjìng búcuò.

03
我很喜欢这里。
Wǒ hěn xǐhuan zhèlǐ.

04
你来中国多长时间了?
Nǐ lái Zhōngguó duō cháng shíjiān le?

05
我已经来了2年了。
Wǒ yǐjīng láile liǎng nián le.

단어

01 **觉得** juéde …이라고 생각하다 | **中国** Zhōngguó 중국

02 **环境** huánjìng 주위 상황[조건], 환경

03 **喜欢** xǐhuan 좋아하다 | **这里** zhèlǐ 여기, 이곳

04 **多** duō 얼마나 | **长** cháng (시간이) 길다

05 **已经** yǐjīng 이미, 벌써

▶ 우리말을 보고 중국어로 말해 보세요.

01 중국에 대해 어떻게 생각하세요?

02 주변 환경이 괜찮은 것 같아요.

03 저는 이곳이 참 좋아요.

04 중국에 오신 지 얼마나 되셨어요?

05 벌써 온 지 2년 됐어요.

표현

05 숫자 2가 개수를 나타내는 경우에는 二 èr이 아닌 两 liǎng으로 읽어야 합니다.

중국 관련 이야기

▶ mp3를 듣고, 따라 말해 보세요.

06
你过得怎么样?
Nǐ guò de zěnmeyàng?

07
每天过得很充实。
Měitiān guò de hěn chōngshí.

08
你都去过什么地方?
Nǐ dōu qùguo shénme dìfang?

09
我去过北京和上海。
Wǒ qùguo Běijīng hé Shànghǎi.

10
我哪儿也没去过。
Wǒ nǎr yě méi qùguo.

단어

07 **每天** měitiān 매일, 날마다 | **充实** chōngshí 충실하다, 풍부하다

09 **北京** Běijīng 베이징 | **上海** Shànghǎi 상하이

▶ 우리말을 보고 중국어로 말해 보세요.

06 어떻게 지내세요?

07 하루하루 열심히 살고 있어요.

08 어디를 갔다 왔어요?

09 베이징과 상하이를 갔었어요.

10 아무 데도 가 본 적 없어요.

준비마당 첫째마당 둘째마당 셋째마당 넷째마당 다섯째마당

TIP

09 北京과 上海는 '重庆 Chóngqìng 충칭', '天津 Tiānjīn 텐진'과 더불어 중국의 4대 직할시에 속합니다.

A 你是哪里人?

Nǐ shì nǎlǐ rén?

B 我是韩国人。

Wǒ shì Hánguórén.

A 是吗? 我刚去过韩国旅游。

Shì ma? Wǒ gāng qùguo Hánguó lǚyóu.

B 你都去过什么地方?

Nǐ dōu qùguo shénme dìfang?

A 我去过首尔和釜山。

Wǒ qùguo Shǒu'ěr hé Fǔshān.

B 我家就是首尔的。

Wǒ jiā jiùshì Shǒu'ěr de.

A 你家住在首尔什么地方?

Nǐ jiā zhù zài Shǒu'ěr shénme dìfang?

B 我住在江南区。

Wǒ zhù zài Jiāngnán Qū.

A 我觉得首尔环境很不错。

Wǒ juéde Shǒu'ěr huánjìng hěn búcuò.

B 是啊，我也这么觉得。

Shì a, wǒ yě zhème juéde.

해석 A 어디 사람이에요? B 저는 한국 사람이에요. A 그래요? 저 얼마 전에 한국 여행을 다녀왔어요. B 어디를 다녀오셨어요? A 서울하고 부산이요. B 저희 집이 바로 서울이에요. A 서울 어디 사세요? B 강남구에 살아요. A 서울은 주변 환경이 참 괜찮은 것 같아요. B 맞아요, 저도 그렇게 생각해요.

단어 旅游 lǚyóu 여행하다 | 釜山 Fǔshān 부산 | 家 jiā 집, 가정 | 这么 zhème 이렇게, 이와 같은

•

날씨와 건강에
대해 말할 때

날씨와 시간

▶ mp3를 듣고, 따라 말해 보세요.

01
明天天气怎么样?
Míngtiān tiānqì zěnmeyàng?

02
明天是晴天。
Míngtiān shì qíngtiān.

03
今天真热啊!
Jīntiān zhēn rè a!

04
这天真舒服。
Zhè tiān zhēn shūfu.

05
好像要下雨。
Hǎoxiàng yào xiàyǔ.

> 단어

02 **晴天** qíngtiān 맑은 날씨

03 **热** rè 덥다, 뜨겁다

04 **天** tiān 날씨, 기후 | **舒服** shūfu 상쾌하다, 쾌적하다

05 **好像** hǎoxiàng 마치, 흡사 | **下雨** xiàyǔ 비가 오다

▶ 우리말을 보고 중국어로 말해 보세요.

---

01   내일 날씨는 어떻대요?

....

02   내일은 맑대요.

....

03   오늘 진짜 덥네요!

....

04   날씨가 정말 상쾌하네요.

....

05   비가 올 것 같아요.

TIP

03 땅덩이가 큰 중국은 지역별로 다양한 기후가 나타나며, 남쪽으로 내려갈수록 날씨가 따뜻합니다.
    이러한 기후 조건으로 인해 도시마다 생산되는 농산물의 종류도 다양합니다. 특히 《서유기》에 나오
    는 화염산이 위치한 '吐鲁番 Tǔlǔfān 투루판'은 중국에서 가장 무더운 곳으로, 포도의 당도가 높
    기로 유명합니다.

날씨와 시간

▶ mp3를 듣고, 따라 말해 보세요.

06 **今天真暖和。**
Jīntiān zhēn nuǎnhuo.

07 **今天有点儿阴。**
Jīntiān yǒudiǎnr yīn.

08 **今天有雷阵雨。**
Jīntiān yǒu léizhènyǔ.

09 **外面刮大风。**
Wàimian guā dàfēng.

10 **天气很闷热。**
Tiānqì hěn mènrè.

단어

06 **暖和** nuǎnhuo 따뜻하다
07 **有点儿** yǒudiǎnr 조금, 약간 | **阴** yīn 흐리다
08 **雷阵雨** léizhènyǔ 천둥 번개를 동반한 소나기
09 **刮** guā (바람이) 불다 | **大风** dàfēng 큰바람
10 **闷热** mènrè 무덥다, 찌는 듯하다

▶ 우리말을 보고 중국어로 말해 보세요.

06 오늘은 날씨가 참 따뜻하네요.

07 오늘은 날이 조금 흐리네요.

08 오늘은 천둥 번개를 동반한 소나기가 온대요.

09 밖에 큰바람이 불어요.

10 날씨가 정말 후덥지근하네요.

표현

06 暖和에서 和는 hé가 아닌 huo로 발음해야 하는 것에 주의하세요.

날씨와 시간

▶ mp3를 듣고, 따라 말해 보세요.

11
冷死了。
Lěngsǐ le.

12
起雾了。
Qǐwù le.

13
昨天下了一场大雪。
Zuótiān xiàle yìcháng dàxuě.

14
现在是梅雨季。
Xiànzài shì méiyǔjì.

15
我喜欢秋天。
Wǒ xǐhuan qiūtiān.

단어

12 起雾 qǐwù 안개가 끼다

13 下 xià 내리다 | 一场 yìcháng 한바탕, 한차례 | 大雪 dàxuě 큰 눈

14 梅雨季 méiyǔjì 장마철

15 秋天 qiūtiān 가을

▶ 우리말을 보고 중국어로 말해 보세요.

11 추워 죽겠어요.

12 안개가 꼈네요.

13 어제 폭설이 내렸어요.

14 지금은 장마철이에요.

15 저는 가을을 좋아해요.

TIP

15 봄은 春天 chūntiān, 여름은 夏天 xiàtiān, 겨울은 冬天 dōngtiān이라고 합니다.

날씨와 시간

▶ mp3를 듣고, 따라 말해 보세요.

16 今天几号?
Jīntiān jǐ hào?

17 今天星期几?
Jīntiān xīngqī jǐ?

18 昨天几月几号?
Zuótiān jǐ yuè jǐ hào?

19 今天10号。
Jīntiān shí hào.

20 农历3月21号。
Nónglì sānyuè èrshíyī hào.

단어

16 几 jǐ 몇 | 号 hào 일
18 月 yuè 월, 달
20 农历 nónglì 음력

▶ 우리말을 보고 중국어로 말해 보세요.

16   오늘 며칠이에요?

17   오늘 무슨 요일이에요?

18   어제는 몇 월 며칠이었죠?

19   오늘 10일이에요.

20   음력 3월 21일이에요.

표현

16 号는 우리에게 익숙한 日 rì로 바꿔 쓸 수 있지만, 입말에서는 号를 더 많이 사용합니다.

TIP

20 우리나라와 중국의 음력 계산법은 같지만, 두 나라 간 한 시간의 시차가 있기 때문에 음력 날짜가
서로 다른 경우가 종종 발생합니다. 설날을 예로 들면, 돌아오는 2027년은 중국이 우리나라보다 하
루 빠르게 설날을 맞습니다.

01

날씨와 시간

▶ mp3를 듣고, 따라 말해 보세요.

21
现在几点?
Xiànzài jǐ diǎn?

22
现在1点45分。
Xiànzài yī diǎn sìshíwǔ fēn.

23
3点整。
Sān diǎn zhěng.

24
差5分6点。
Chà wǔ fēn liù diǎn.

25
9点一刻。
Jiǔ diǎn yí kè.

단어

22 分 fēn 분
23 整 zhěng 나머지가 없는, 정각
24 差 chà 부족하다, 모자라다
25 刻 kè 15분

▶ 우리말을 보고 중국어로 말해 보세요.

21   지금 몇 시예요?

22   지금은 1시 45분이에요.

23   3시 정각이에요.

24   6시 5분 전이에요.

25   9시 15분이에요.

표현

25 15분은 一刻, 45분은 三刻라고 합니다. 하지만, 30분은 两刻라고 하지 않고 '절반, 2분의 1'이라는 뜻의 半 bàn을 사용하여 나타냅니다.

건강과 근황

▶ mp3를 듣고, 따라 말해 보세요.

01 你最近身体怎么样?
Nǐ zuìjìn shēntǐ zěnmeyàng?

02 我身体很好。
Wǒ shēntǐ hěn hǎo.

03 我最近身体还不错。
Wǒ zuìjìn shēntǐ hái búcuò.

04 我不太舒服。
Wǒ bú tài shūfu.

05 我经常头疼。
Wǒ jīngcháng tóuténg.

단어

05 **经常** jīngcháng 자주, 항상 | **头疼** tóuténg 머리가 아프다

▶ 우리말을 보고 중국어로 말해 보세요.

01   요즘 건강은 어떠세요?

02   건강해요.

03   최근에는 건강이 그럭저럭 괜찮아요.

04   몸이 별로 안 좋아요.

05   머리가 자주 아파요.

TIP

05 중국어로 신체 부위별 아픈 증상을 어떻게 말하는지 알아두었다가, 활용해 보세요.
    예 肚子疼 dùziténg 배가 아프다 / 牙疼 yáténg 이가 아프다 / 腰疼 yāoténg 허리가 아프다

▶ mp3를 듣고, 따라 말해 보세요.

06 **最近总是很疲惫。**
Zuìjìn zǒngshì hěn píbèi.

07 **我最近变胖了。**
Wǒ zuìjìn biàn pàng le.

08 **我正在减肥。**
Wǒ zhèngzài jiǎnféi.

09 **我每天早上都跑步。**
Wǒ měitiān zǎoshang dōu pǎobù.

10 **我常去健身房。**
Wǒ cháng qù jiànshēnfáng.

단어

06 **总是** zǒngshì 늘, 언제나

07 **变** biàn 변하다 | **胖** pàng 살이 찌다

08 **正在** zhèngzài 지금 …하고 있다 | **减肥** jiǎnféi 다이어트를 하다, 살을 빼다

09 **跑步** pǎobù 달리기를 하다

10 **健身房** jiànshēnfáng 헬스클럽

▶ 우리말을 보고 중국어로 말해 보세요.

06	요즘은 늘 몹시 피곤해요.
07	요즘 살쪘어요.
08	지금 다이어트 중이에요.
09	매일 아침에 달리기를 해요.
10	종종 헬스클럽에 가요.

표현

07 반대로 살이 빠졌다는 표현은 "我最近变瘦了。Wǒ zuìjìn biàn shòu le."라고 하면 됩니다.

08 正在를 사용하여 동작의 진행이나 지속을 나타낼 수 있습니다.

A 今天很闷热。
Jīntiān hěn mènrè.

B 好像要下雨。
Hǎoxiàng yào xiàyǔ.

A 今天几号?
Jīntiān jǐ hào?

B 今天7号。
Jīntiān qī hào.

A 快要进入梅雨季了。
Kuàiyào jìnrù méiyǔjì le.

B 我最讨厌下雨天了。
Wǒ zuì tǎoyàn xiàyǔ tiān le.

A 怎么了?
Zěnme le?

B 天气潮湿的时候我总是生病。
Tiānqì cháoshī de shíhou wǒ zǒngshì shēngbìng.

A 为什么?
Wèishénme?

B 我的身体比较虚弱。
Wǒ de shēntǐ bǐjiào xūruò.

해석 A 오늘 정말 후덥지근하네. B 비가 올 것 같아. A 오늘이 며칠이지? B 오늘 7일. A 곧 장마철이겠다. B 난 비 오는 날이 제일 싫어. A 어째서? B 날이 습하면 자주 아프더라고. A 왜? B 몸이 좀 약한 편이거든.

단어 **快要** kuàiyào 곧, 머지않아 | **进入** jìnrù 들다, 진입하다 | **最** zuì 가장, 제일 | **讨厌** tǎoyàn 싫다 | **潮湿** cháoshī 습하다, 눅눅하다 | **生病** shēngbìng 병이 나다 | **比较** bǐjiào 비교적, 상대적으로 | **虚弱** xūruò (몸이) 약하다

궁금한 점을
물어볼 때

나이, 생일, 띠, 혈액형

▶ mp3를 듣고, 따라 말해 보세요.

01
你几岁?
Nǐ jǐ suì?

02
你多大了?
Nǐ duō dà le?

03
您今年多大岁数?
Nín jīnnián duō dà suìshu?

04
你是哪一年出生的?
Nǐ shì nǎ yì nián chūshēng de?

05
你的生日是几月几号?
Nǐ de shēngrì shì jǐ yuè jǐ hào?

> **단어**
> 01 **岁** suì 살, 세[나이를 세는 단위]
> 03 **今年** jīnnián 올해 | **岁数** suìshu (사람의) 나이, 연령
> 04 **哪** nǎ 어느, 어떤 | **出生** chūshēng 출생하다, 태어나다

▶ 우리말을 보고 중국어로 말해 보세요.

01 몇 살이니?

02 나이가 어떻게 되세요?

03 올해 연세가 어떻게 되십니까?

04 어느 해에 태어나셨어요?

05 생일이 몇 월 며칠이에요?

TIP

01 상대방의 연령에 따라 표현에 주의하여 나이를 물어야 합니다. 1번은 열 살 이하의 비교적 나이가 어린 아이에게, 2번은 자신과 나이가 비슷한 또래에게, 3번은 웃어른께 사용합니다.

나이, 생일, 띠, 혈액형

▶ mp3를 듣고, 따라 말해 보세요.

06
我35岁。
Wǒ sānshíwǔ suì.

07
刚过20岁。
Gāng guò èrshí suì.

08
我快40了。
Wǒ kuài sìshí le.

09
你和我同岁啊。
Nǐ hé wǒ tóngsuì a.

10
我比你大一岁。
Wǒ bǐ nǐ dà yí suì.

단어

09 **同岁** tóngsuì 동갑이다, 나이가 같다
10 **比** bǐ …에 비하여, …보다

▶ 우리말을 보고 중국어로 말해 보세요.

06　　서른다섯 살이에요.

. . . .

07　　딱 스물이에요.

. . . .

08　　곧 마흔이에요.

. . . .

09　　우리 동갑이네요.

. . . .

10　　당신보다 한 살 많아요.

표현

10　상대방보다 나이가 많다면 大를, 상대방보다 나이가 적다면 小를 사용합니다.

나이, 생일, 띠, 혈액형

▶ mp3를 듣고, 따라 말해 보세요.

11
你属什么?
Nǐ shǔ shénme?

12
我属牛。
Wǒ shǔ niú.

13
我比你整整大一轮。
Wǒ bǐ nǐ zhěngzhěng dà yì lún.

14
你是什么血型?
Nǐ shì shénme xuèxíng?

15
我是AB型。
Wǒ shì ABxíng.

단어

11 属 shǔ …띠이다

12 牛 niú 소

13 整整 zhěngzhěng 온전히, 꼬박 ┊ 轮 lún 한 바퀴, 12년

14 血型 xuèxíng 혈액형

15 型 xíng 유형

▶ 우리말을 보고 중국어로 말해 보세요.

11	당신은 무슨 띠예요?
12	소띠예요.
13	당신과 띠동갑이네요. / 제가 열두 살이 많네요.
14	혈액형이 뭐예요?
15	저는 AB형이에요.

표현

12 자신의 띠를 중국어로 뭐라고 하는지 알아두었다가 활용해 보세요.

📖 鼠 shǔ 쥐 / 牛 niú 소 / 虎 hǔ 호랑이 / 兔 tù 토끼 / 龙 lóng 용 / 蛇 shé 뱀 / 马 mǎ 말 / 羊 yáng 양 / 猴 hóu 원숭이 / 鸡 jī 닭 / 狗 gǒu 개 / 猪 zhū 돼지

▶ mp3를 듣고, 따라 말해 보세요.

01
你家有几口人?
Nǐ jiā yǒu jǐ kǒu rén?

02
四口人，父母和一个姐姐。
Sì kǒu rén, fùmǔ hé yí ge jiějie.

03
你有兄弟姐妹吗?
Nǐ yǒu xiōngdìjiěmèi ma?

04
我是独生子。
Wǒ shì dúshēngzǐ.

05
我有一个哥哥。
Wǒ yǒu yí ge gēge.

단어

01 口 kǒu 식구[사람을 세는 단위]
02 父母 fùmǔ 부모 | 姐姐 jiějie 언니, 누나
03 兄弟姐妹 xiōngdìjiěmèi 형제자매
04 独生子 dúshēngzǐ 독자, 외아들
05 哥哥 gēge 오빠, 형

▶ 우리말을 보고 중국어로 말해 보세요.

01	식구가 몇 명이에요?

02	네 명이에요, 부모님과 언니(누나)가 있어요.

03	형제자매가 있나요?

04	외아들이에요.

05	오빠(형)가 한 명 있어요.

표현

04 외동딸은 独生女 dúshēngnǚ라고 합니다.

05 우리나라에서는 자신의 성별에 따라 손위 형제를 부르는 말이 다르지만, 중국에서는 성별에 관계없이 손위 여자 형제를 姐姐, 손위 남자 형제를 哥哥라고 합니다.

가족 관계

▶ mp3를 듣고, 따라 말해 보세요.

06 我是老大。
Wǒ shì lǎodà.

07 我的姐姐比我大两岁。
Wǒ de jiějie bǐ wǒ dà liǎng suì.

08 你结婚了吗?
Nǐ jiéhūn le ma?

09 你有孩子吗?
Nǐ yǒu háizi ma?

10 我有一个儿子和一个女儿。
Wǒ yǒu yí ge érzi hé yí ge nǚ'ér.

단어

06 **老大** lǎodà (형제자매의) 맏이, 첫째
09 **孩子** háizi 아이, 자녀
10 **儿子** érzi 아들 | **女儿** nǚ'ér 딸

▶ 우리말을 보고 중국어로 말해 보세요.

06 제가 첫째예요.

07 저희 언니(누나)는 저보다 두 살 많아요.

08 결혼하셨어요?

09 아이가 있나요?

10 아들 하나 딸 하나 있어요.

표현

06 老를 사용하여 형제자매 간의 서열을 나타낼 수 있습니다.
　　🐾 老二 lǎo'èr 둘째 / 老三 lǎosān 셋째 / 老小 lǎoxiǎo 막내
08 결혼 유무를 묻는 표현입니다. '가족을 만들다'라는 뜻의 成家 chéngjiā를 사용하여 "你成家了吗? Nǐ chéngjiā le ma?"라고 물을 수도 있습니다.

키와 몸무게

▶ mp3를 듣고, 따라 말해 보세요.

01
你多重?
Nǐ duō zhòng?

02
你的体重是多少?
Nǐ de tǐzhòng shì duōshao?

03
我100斤。
Wǒ yìbǎi jīn.

04
你的身高是多少?
Nǐ de shēngāo shì duōshao?

05
1米80。
Yì mǐ bā líng.

단어

01 **重** zhòng 무겁다

02 **体重** tǐzhòng 체중, 몸무게 | **多少** duōshao 얼마, 몇

03 **斤** jīn 근[무게의 단위]

04 **身高** shēngāo 키, 신장

05 **米** mǐ 미터[m, 길이의 단위]

▶ 우리말을 보고 중국어로 말해 보세요.

01 몸무게가 얼마예요?

02 체중이 몇이에요?

03 50kg이에요.

04 키가 얼마예요?

05 1m 80이에요.

TIP

03 중국인은 몸무게 등 무게를 나타낼 때 보통 斤을 많이 사용합니다. 중국인이 이야기하는 1斤은 500g으로, 우리나라의 한 근인 400g(채소), 600g(육류)과는 다르니 주의하세요.

04

성격과 성향

▶ mp3를 듣고, 따라 말해 보세요.

01

你的性格怎么样?
Nǐ de xìnggé zěnmeyàng?

02

他的为人怎么样?
Tā de wéirén zěnmeyàng?

03

你的优点是什么?
Nǐ de yōudiǎn shì shénme?

04

你的缺点是什么?
Nǐ de quēdiǎn shì shénme?

05

我是个急性子。
Wǒ shì ge jíxìngzi.

단어

01 **性格** xìnggé 성격
02 **为人** wéirén 인품, 됨됨이
03 **优点** yōudiǎn 장점
04 **缺点** quēdiǎn 단점
05 **急性子** jíxìngzi 조급한 사람, 성급한 사람

▶ 우리말을 보고 중국어로 말해 보세요.

01 당신 성격은 어떤가요?

02 그 사람 됨됨이는 어때요?

03 당신의 장점은 무엇인가요?

04 당신의 단점은 무엇인가요?

05 저는 성격이 급해요.

표현

05 성격이 느긋한 사람은 慢性子 mànxìngzi라고 합니다.

▶ mp3를 듣고, 따라 말해 보세요.

06
我喜欢独处。
Wǒ xǐhuan dúchǔ.

07
我不善于交际。
Wǒ bú shànyú jiāojì.

08
我这个人比较随和。
Wǒ zhège rén bǐjiào suíhé.

09
我是个乐天派。
Wǒ shì ge lètiānpài.

10
我是个很现实的人。
Wǒ shì ge hěn xiànshí de rén.

단어

06 **独处** dúchǔ 홀로 지내다, 혼자 살다

07 **善于** shànyú …을 잘하다, …에 능숙하다 | **交际** jiāojì 교제하다, 서로 사귀다

08 **随和** suíhé 상냥하다, (남과) 사이좋게 지내다

09 **乐天派** lètiānpài 낙천주의자

10 **现实** xiànshí 현실적이다

▶ 우리말을 보고 중국어로 말해 보세요.

06 저는 혼자 있는 것을 것을 좋아해요.

07 저는 사교성이 부족해요.

08 저는 붙임성이 좋아요.

09 저는 긍정적인 사람이에요.

10 저는 매우 현실적인 사람이에요.

표현

09 派는 같은 특성을 갖는 사람이나 사물을 나타내는 것 외에, 초콜릿 파이 巧克力派 qiǎokèlì pài 처럼 과자의 한 종류인 파이(pie)를 나타내기도 합니다.

성격과 성향

▶ mp3를 듣고, 따라 말해 보세요.

11 她很温柔。
Tā hěn wēnróu.

12 她为人很可靠。
Tā wéirén hěn kěkào.

13 她很有个人魅力。
Tā hěn yǒu gèrén mèilì.

14 她个性有点内向。
Tā gèxìng yǒudiǎn nèixiàng.

15 她爱发脾气。
Tā ài fāpíqi.

단어

11 **她** tā 그녀 | **温柔** wēnróu (주로 여성에 대해) 부드럽고 상냥하다

12 **可靠** kěkào 믿을 만하다, 믿음직하다

13 **个人** gèrén 개인 | **魅力** mèilì 매력

14 **个性** gèxìng 개성 | **内向** nèixiàng (성격이) 내성적이다

15 **爱** ài 곧잘 …하다 | **发脾气** fāpíqi 화내다, 성내다

▶ 우리말을 보고 중국어로 말해 보세요.

11 그녀는 정말 상냥해요.

....

12 그녀는 됨됨이가 아주 믿음직스러워요.

....

13 그녀는 정말 매력이 넘쳐요.

....

14 그녀는 조금 내성적이에요.

....

15 그녀는 화를 잘 내요.

표현

14 有点(儿)을 사용하여 주관적 느낌이나 감정을 표현할 수 있는데, 주로 상황이 자신의 기대에 못
    미칠 때, 뜻대로 이루어지지 않았을 때 등 불만족스러운 감정을 나타냅니다.
15 发를 감정을 나타내는 단어 앞에 사용하면 감정이 밖으로 드러나는 것을 표현할 수 있습니다.

04

성격과 성향

▶ mp3를 듣고, 따라 말해 보세요.

16 你这个人真有趣。
Nǐ zhège rén zhēn yǒuqù.

17 他的脾气太古怪了。
Tā de píqi tài gǔguài le.

18 他人缘不太好。
Tā rényuán bú tài hǎo.

19 他很会办事儿。
Tā hěn huì bàn shìr.

20 他做事非常认真。
Tā zuòshì fēicháng rènzhēn.

단어

16 有趣 yǒuqù 재미있다, 사랑스럽다
17 脾气 píqi 성격 | 古怪 gǔguài 괴상하다, 괴팍하다
18 人缘 rényuán 인간관계
20 做事 zuòshì 일을 하다 | 认真 rènzhēn 성실하다, 진지하다

▶ 우리말을 보고 중국어로 말해 보세요.

16   당신 참 유머러스하네요.

17   그는 성격이 참 괴팍해요.

18   그는 인간관계가 그다지 좋지 못해요.

19   그는 일 처리를 정말 잘해요.

20   그는 일을 참 열심히 해요.

표현

20 非常은 很과 같이 감정의 정도가 심함을 나타내는 단어입니다. 很보다는 非常이 나타내는 정도
가 더 심합니다.

여가와 관심사

▶ mp3를 듣고, 따라 말해 보세요.

01
周末过得怎么样?
Zhōumò guò de zěnmeyàng?

02
你周末都干什么?
Nǐ zhōumò dōu gàn shénme?

03
假期打算干什么?
Jiàqī dǎsuàn gàn shénme?

04
业余时间你都干什么?
Yèyú shíjiān nǐ dōu gàn shénme?

05
你怎么打发闲暇时间?
Nǐ zěnme dǎfa xiánxiá shíjiān?

단어

03 **假期** jiàqī 휴가 기간

04 **业余** yèyú 여가

05 **打发** dǎfa (시간이나 날을) 보내다, 시간을 때우다 | **闲暇** xiánxiá 한가한 시간, 여가

▶ 우리말을 보고 중국어로 말해 보세요.

01	주말 잘 보내셨어요?
02	주말에 뭐하셨어요?
03	휴가에 뭐할 계획이에요?
04	여가 시간에는 무엇을 하세요?
05	한가할 때 어떻게 시간을 보내세요?

표현

01 주말은 토요일에서 일요일까지의 시간을 말하는데, 중국어로 토요일은 星期六 xīngqīliù, 일요일은 星期天 xīngqītiān 또는 星期日 xīngqīrì라고 합니다.

여가와 관심사

▶ mp3를 듣고, 따라 말해 보세요.

06
你有什么爱好?
Nǐ yǒu shénme àihào?

07
你喜欢哪种运动?
Nǐ xǐhuan nǎ zhǒng yùndòng?

08
我是棒球迷。
Wǒ shì bàngqiúmí.

09
我喜欢看电影。
Wǒ xǐhuan kàn diànyǐng.

10
我的兴趣很广泛。
Wǒ de xìngqù hěn guǎngfàn.

단어

06 **爱好** àihào 취미
07 **种** zhǒng 종류, 종 | **运动** yùndòng 운동(을 하다)
08 **棒球** bàngqiú 야구 | **迷** mí 애호가, 팬
10 **兴趣** xìngqù 흥미, 관심사, 취미 | **广泛** guǎngfàn 광범위하다, 폭넓다

▶ 우리말을 보고 중국어로 말해 보세요.

| 06 | 취미가 뭐예요? |

| 07 | 어떤 운동을 좋아하세요? |

| 08 | 저는 야구 팬이에요. |

| 09 | 영화를 즐겨 봐요. / 영화 보는 것을 좋아해요. |

| 10 | 제 관심사는 아주 다양해요. |

표현

08 迷 앞에 여러 가지 단어를 붙여 자신의 관심사를 나타낼 수 있습니다.

  ᠓ 影迷 yǐngmí 영화 팬 / 歌迷 gēmí 노래 팬 / 书迷 shūmí 독서광

A 你有什么爱好?
Nǐ yǒu shénme àihào?

B 我的兴趣很广泛。
Wǒ de xìngqù hěn guǎngfàn.

A 业余时间你都干什么?
Yèyú shíjiān nǐ dōu gàn shénme?

B 我喜欢看电影。
Wǒ xǐhuan kàn diànyǐng.

A 喜欢看什么样的电影?
Xǐhuan kàn shénmeyàng de diànyǐng?

B 我喜欢看喜剧电影。
Wǒ xǐhuan kàn xǐjù diànyǐng.

A 你一定性格很开朗。
Nǐ yídìng xìnggé hěn kāilǎng.

B 我算是个乐天派。
Wǒ suànshì ge lètiānpài.

A 跟你做朋友一定很快乐。
Gēn nǐ zuò péngyou yídìng hěn kuàilè.

B 那你就快跟我做朋友吧。
Nà nǐ jiù kuài gēn wǒ zuò péngyou ba.

해석　A 취미가 뭐예요? B 전 관심사가 아주 다양해요. A 여가 시간에는 뭘하나요? B 영화를 즐겨 봐요. A 어떤 장르의 영화를 좋아하세요? B 코미디 영화를 좋아해요. A 분명 성격이 명랑하실 것 같아요. B 긍정적인 편이죠. A 당신과 친구가 된다면 정말 즐겁겠어요. B 그럼 어서 우리 친구해요.

단어　什么样 shénmeyàng 어떠한, 어떤 종류의 | 喜剧 xǐjù 코미디 | 开朗 kāilǎng 명랑하다, 활달하다 | 做 zuò (관계를) 맺다, (어떤 관계가) 되다

04마디

·

의견을 나눌 때

생각 말하기 ❶

▶ mp3를 듣고, 따라 말해 보세요.

01
懂了吗?
Dǒng le ma?

02
明白了吗?
Míngbai le ma?

03
清楚了吗?
Qīngchu le ma?

04
你能理解吗?
Nǐ néng lǐjiě ma?

05
你明白我说的话吗?
Nǐ míngbai wǒ shuō de huà ma?

단어

04 **理解** lǐjiě 알다, 이해하다

▶ 우리말을 보고 중국어로 말해 보세요.

01　알아들었어?

02　알겠어요?

03　잘 이해했나요?

04　이해할 수 있어요?

05　제가 한 말 이해하셨나요?

생각 말하기 ❶

▶ mp3를 듣고, 따라 말해 보세요.

06
可以理解。
Kěyǐ lǐjiě.

07
完全明白。
Wánquán míngbai.

08
原来是这样。
Yuánlái shì zhèyàng.

09
你的话很对。
Nǐ de huà hěn duì.

10
你说的有道理。
Nǐ shuō de yǒu dàolǐ.

단어

08 **原来** yuánlái 알고 보니, 원래

10 **道理** dàolǐ 일리, 도리, 이치

▶ 우리말을 보고 중국어로 말해 보세요.

06   이해할 수 있어요.

07   전부 이해했어요.

08   알고 보니 그랬군요. / 원래는 이랬어요.

09   당신 말이 맞아요.

10   당신 말에 일리가 있네요.

표현

08 '알고 보니 …했다'처럼 몰랐던 사실을 새로이 알게 되었을 경우나, '원래는 …했다'처럼 어떤 사건의 정황을 설명할 때 사용합니다.

생각 말하기 ❶

▶ mp3를 듣고, 따라 말해 보세요.

11
这我不知道。
Zhè wǒ bù zhīdào.

12
具体我也不清楚。
Jùtǐ wǒ yě bù qīngchu.

13
我不知道你在说什么。
Wǒ bù zhīdào nǐ zài shuō shénme.

14
你把我说糊涂了。
Nǐ bǎ wǒ shuō hútu le.

15
这个我不是很了解。
Zhège wǒ bú shì hěn liǎojiě.

단어

12 **具体** jùtǐ 구체적이다
14 **把** bǎ [목적어를 동사 앞으로 전치 시킬 때 사용함] | **糊涂** hútu 분명하지 않다, 흐리멍덩하다
15 **了解** liǎojiě 잘 알다, 이해하다

▶ 우리말을 보고 중국어로 말해 보세요.

11   이건 모르겠어요.

12   구체적인 것은 저도 잘 모르겠습니다.

13   무슨 말을 하고 계신지 모르겠네요.

14   당신의 말에 혼란스러워졌어요.

15   이건 잘 알지 못해요.

표현

15 知道, 了解, 理解, 明白, 懂은 모두 '알다, 이해하다'라는 뜻이나, 그 이해의 정도(知道 〈 了解 〈 理解 〈 明白 〈 懂)에 따라 구분하여 사용합니다.

생각 말하기 ❷

▶ mp3를 듣고, 따라 말해 보세요.

01 **我觉得不对。**
Wǒ juéde búduì.

02 **那个事儿不好办。**
Nàge shìr bù hǎobàn.

03 **我看不必了。**
Wǒ kàn búbì le.

04 **我考虑一下。**
Wǒ kǎolǜ yíxià.

05 **我无所谓。**
Wǒ wúsuǒwèi.

단어

02 **好办** hǎobàn (처리)하기가 쉽다

03 **看** kàn …이라고 보다, …이라고 생각하다 ┃ **不必** búbì …할 필요 없다

04 **考虑** kǎolǜ 고려하다, 생각하다

05 **无所谓** wúsuǒwèi 상관없다, 관계없다

▶ 우리말을 보고 중국어로 말해 보세요.

01   제 생각에는 틀린 것 같습니다.

02   그 일은 처리하기가 쉽지 않네요.

03   제가 보기엔 필요 없는 것 같아요.

04   생각 좀 해 볼게요.

05   상관없어요.

표현

03 我看은 '내가 보기에'라는 뜻으로, 어떤 사실에 대한 자신의 의견을 이야기할 때 문장 앞에 사용합니다.

▶ mp3를 듣고, 따라 말해 보세요.

06
我对自己有信心。
Wǒ duì zìjǐ yǒu xìnxīn.

07
我仍然没有把握。
Wǒ réngrán méiyǒu bǎwò.

08
也许能行吧。
Yěxǔ néng xíng ba.

09
好像不行吧。
Hǎoxiàng bùxíng ba.

10
恐怕行不通。
Kǒngpà xíngbutōng.

단어

06 **对** duì …에 대해
07 **仍然** réngrán 변함없이, 여전히 | **把握** bǎwò 자신, 믿음
08 **也许** yěxǔ 아마, 어쩌면
10 **恐怕** kǒngpà 아마 …일 것이다 | **行不通** xíngbutōng 해낼 수 없다, 불가능하다

▶ 우리말을 보고 중국어로 말해 보세요.

06 자신 있어요.

07 여전히 자신이 없어요. / 아직 확신이 없어요.

08 아마도 가능할 것 같아요.

09 아마 안 될 것 같아요.

10 아무래도 불가능할 것 같아요. /
아마 실행할 수 없을 것 같아요.

[표현]

08 也许는 불확실한 추측을 나타낼 때 사용합니다.

10 恐怕 역시 미래에 대한 추측을 나타내는데, 주로 결과가 나쁠 것이라고 예상될 때 사용합니다.

생각 말하기 ❷

▶ mp3를 듣고, 따라 말해 보세요.

11 走一步看一步吧。
Zǒu yíbù kàn yíbù ba.

12 一切都看你的了。
Yíqiè dōu kàn nǐ de le.

13 我支持你。
Wǒ zhīchí nǐ.

14 我非常赞成。
Wǒ fēicháng zànchéng.

15 我也这样认为。
Wǒ yě zhèyàng rènwéi.

단어

11 走 zǒu 걷다 | 一步 yíbù 한 단계, 한 과정
12 看 kàn …에 달리다
13 支持 zhīchí 지지하다, 응원하다
15 认为 rènwéi 여기다, 생각하다

▶ 우리말을 보고 중국어로 말해 보세요.

11 일단 해 나가면서 봅시다.

12 모든 건 당신에게 달려 있어요. / 당신만 믿을게요.

13 당신을 지지합니다. / 당신을 응원합니다.

14 전적으로 찬성해요.

15 저도 그렇게 생각해요.

표현

11 일을 단번에 처리하는 것이 아니라, 진행되는 사항을 보아가며 단계별로 해 나가는 것을 의미하는 표현입니다. '走一步说一步', '走一步算一步' 역시 같은 의미를 나타냅니다.

A 你看到新的日程表了吗?
Nǐ kàndào xīn de rìchéngbiǎo le ma?

B 我看到了。
Wǒ kàndào le.

A 你觉得怎么样?
Nǐ juéde zěnmeyàng?

B 好像不行吧。
Hǎoxiàng bùxíng ba.

A 你说怎么办?
Nǐ shuō zěnme bàn?

B 原来的计划比较好。
Yuánlái de jìhuà bǐjiào hǎo.

A 那日程你都清楚了吗?
Nà rìchéng nǐ dōu qīngchu le ma?

B 完全明白。
Wánquán míngbai.

A 没问题吧?
Méi wèntí ba?

B 我相信我能做好。
Wǒ xiāngxìn wǒ néng zuòhǎo.

....

해석 **A** 새로 나온 일정표 봤어요? **B** 봤어요. **A** 어떻게 생각해요? **B** 아마 안 될 것 같아요. **A** 어떻게 해야 할까요? **B** 원래 계획이 더 괜찮은 듯해요. **A** 그 일정은 잘 이해하고 있나요? **B** 전부 이해하고 있어요. **A** 문제없겠죠? **B** 잘 해낼 거라고 믿어요.

단어 **日程表** rìchéngbiǎo 일정표, 스케줄 | **计划** jìhuà 계획 | **日程** rìchéng 일정

중국 모바일 메신저 위챗 사용하기

중국 사람들이 가장 많이 이용하는 모바일 메신저는 바로 '위챗(WeChat)'입니다. 중국어로는 '微信 Wēixìn'이라고 하며, 2013년 이미 4억 명의 사용자를 보유하고 있다는 뉴스가 보도되었습니다. 위챗은 한국어로도 서비스를 제공하고 있어 설치와 이용이 쉬우니 한번 사용해 보세요.

▲ 위챗

1 설치하기

STEP 1   Play 스토어 또는 App Store에서 'WeChat' 또는 '위챗'을 검색하세요.

STEP 2   앱을 설치하고 로그인을 위한 항목을 입력해 계정을 만드세요.

STEP 3   만들어진 계정으로 로그인 하세요.

2 기능 알아보기

- '모멘트'에서 사진이나 글을 공유할 수 있습니다.

- '흔들기' 기능을 이용해 같은 시각 휴대폰을 흔든 사람과 대화할 수 있습니다. '주변 사람'에서 주변에 있는 위챗 사용자를 검색할 수 있습니다.

- '병편지'에서 음성이나 메시지를 '병 던지기'로 보낼 수 있고, 타인이 띄워 놓은 병을 주워 친구를 사귈 수도 있습니다.

현지에서 통하는
여행, 출장 표현

공항에서 쓰는 표현

출발지와 기내에서

▶ mp3를 듣고, 따라 말해 보세요.

01 现在可以办理登机手续吗?
Xiànzài kěyǐ bànlǐ dēngjī shǒuxù ma?

02 我想要个靠窗的座位。
Wǒ xiǎng yào ge kàochuāng de zuòwèi.

03 可以托运几件行李?
Kěyǐ tuōyùn jǐ jiàn xíngli?

04 您的行李超重了。
Nín de xíngli chāozhòng le.

05 5号登机口在哪儿?
Wǔ hào dēngjīkǒu zài nǎr?

단어

01 **办理** bànlǐ 처리하다, 취급하다 | **登机** dēngjī 비행기에 탑승하다 | **手续** shǒuxù 수속
02 **靠窗** kàochuāng 창가, 창가 쪽 | **座位** zuòwèi 좌석, 자리
03 **托运** tuōyùn (짐이나 화물 등을) 탁송하다 | **件** jiàn 건, 개 | **行李** xíngli 짐, 수하물
04 **超重** chāozhòng 규정된 중량을 초과하다
05 **号** hào 번호 | **登机口** dēngjīkǒu 탑승구

▶ 우리말을 보고 중국어로 말해 보세요.

01	지금 탑승 수속이 가능한가요?
02	창가 자리로 주세요.
03	짐은 몇 개나 부칠 수 있어요?
04	짐이 중량을 초과했습니다.
05	5번 탑승구는 어디에 있나요?

표현

02 창밖으로 하늘을 볼 수 있는 창가쪽 자리를 많이 선호하긴 하지만, 움직이기 편한 통로쪽 자리를 선호하는 사람도 많습니다. 창가 좌석 외에 다른 좌석을 뭐라고 하는지 알아두세요.

  예 靠过道的座位 kào guòdào de zuòwèi 통로 좌석 /
  中间的座位 zhōngjiān de zuòwèi 중간 좌석

▶ mp3를 듣고, 따라 말해 보세요.

06
什么时候开始登机?
Shénme shíhou kāishǐ dēngjī?

07
飞机上有免税商品吗?
Fēijīshang yǒu miǎnshuì shāngpǐn ma?

08
能跟我换一下座位吗?
Néng gēn wǒ huàn yíxià zuòwèi ma?

09
请给我枕头和毛毯。
Qǐng gěi wǒ zhěntou hé máotǎn.

10
请给我一张入境卡。
Qǐng gěi wǒ yì zhāng rùjìngkǎ.

단어

06 **开始** kāishǐ 시작하다

07 **飞机** fēijī 비행기 | **上** shang ⋯에[어떤 사물의 범위 내에 있음을 나타냄] | **免税** miǎnshuì 면세하다 | **商品** shāngpǐn 상품

08 **换** huàn 바꾸다

09 **枕头** zhěntou 베개 | **毛毯** máotǎn 담요

10 **张** zhāng 장[종이를 세는 단위] | **入境卡** rùjìngkǎ 입국신고서

▶ 우리말을 보고 중국어로 말해 보세요.

06 탑승은 언제부터 시작인가요?

07 비행기에 면세품 있나요?

08 저와 자리 좀 바꿔 주실 수 있나요?

09 베개와 담요 주세요.

10 입국신고서 한 장 주세요.

표현

09 기내에서 필요한 물건이 있다면 '请给我…'를 활용해 승무원에게 요청해 보세요.

请给我一杯可乐。Qǐng gěi wǒ yì bēi kělè. 콜라 한 잔 주세요.
请给我一听啤酒。Qǐng gěi wǒ yì tīng píjiǔ. 맥주 한 캔 주세요.

목적지에서

▶ mp3를 듣고, 따라 말해 보세요.

01

请给我报关单。
Qǐng gěi wǒ bàoguāndān.

02

手推车在哪儿?
Shǒutuīchē zài nǎr?

03

请出示护照。
Qǐng chūshì hùzhào.

04

你来中国的目的是什么?
Nǐ lái Zhōngguó de mùdì shì shénme?

05

我是来旅游的。
Wǒ shì lái lǚyóu de.

단어

01 **报关单** bàoguāndān 세관신고서
02 **手推车** shǒutuīchē 카트, 손수레
03 **出示** chūshì 제시하다 **护照** hùzhào 여권
04 **目的** mùdì 목적

⏵ 우리말을 보고 중국어로 말해 보세요.

세관신고서 주세요.

카트는 어디에 있나요?

여권을 제시해 주시기 바랍니다.

중국에 오신 목적이 무엇인가요?

여행차 왔습니다.

02 어떤 장소나 사람, 물건 등이 어디 있는지 궁금할 때는 '…在哪儿?'을 사용해 물으면 됩니다.
05 입국심사대에서 방문 목적에 대해 묻는다면 '我是来…的'를 사용해 대답합니다.
  예 我是来出差的。Wǒ shì lái chūchāi de. 출장 왔습니다.
    我是来看朋友的。Wǒ shì lái kàn péngyou de. 친구 만나러 왔습니다.
    我是来上学的。Wǒ shì lái shàngxué de. 학교 다니러 왔습니다.

넷째마당 공항에서 쓰는 표현 _ 231

▶ mp3를 듣고, 따라 말해 보세요.

06 **打算停留多长时间?**
Dǎsuàn tíngliú duō cháng shíjiān?

07 **你打算住哪儿?**
Nǐ dǎsuàn zhù nǎr?

08 **我住北京燕京饭店。**
Wǒ zhù Běijīng Yānjīng Fàndiàn.

09 **这是我第一次来。**
Zhè shì wǒ dìyī cì lái.

10 **我没有申报物品。**
Wǒ méiyǒu shēnbào wùpǐn.

단어

06 **停留** tíngliú 머무르다, 체류하다
07 **住** zhù 묵다, 머무르다
08 **北京燕京饭店** Běijīng Yānjīng Fàndiàn 베이징 옌징 호텔
09 **第一** dìyī 맨 처음, 첫 번째
10 **申报** shēnbào (세관에) 신고하다 | **物品** wùpǐn 물품, 물건

▶ 우리말을 보고 중국어로 말해 보세요.

06 얼마 동안 체류하실 예정입니까?

07 어디서 머무를 예정인가요?

08 베이징 옌징 호텔에서 묵습니다.

09 이번이 첫 번째 방문입니다.

10 신고할 물품이 없습니다.

TIP

08 饭店 외에 酒店 jiǔdiàn과 宾馆 bīnguǎn 역시 호텔을 의미하는 단어입니다.

10 신고할 물품이 없다면 문장과 같이 대답하고, 신고할 물품이 있다면 有를 사용해 대답합니다.
　　⑩ 我有两个申报物品。Wǒ yǒu liǎng ge shēnbào wùpǐn. 두 개의 신고할 물품이 있습니다.

목적지에서

▶ mp3를 듣고, 따라 말해 보세요.

11 在哪儿取行李?
Zài nǎr qǔ xíngli?

12 KE809的行李在哪儿取?
KE bā líng jiǔ de xíngli zài nǎr qǔ?

13 我没有看到我的行李。
Wǒ méiyǒu kàndào wǒ de xíngli.

14 我的行李箱被弄坏了。
Wǒ de xínglixiāng bèi nònghuài le.

15 有去望京的机场大巴吗?
Yǒu qù Wàngjīng de jīchǎngdàbā ma?

단어

11 **取** qǔ 찾다, 취하다
14 **行李箱** xínglixiāng 트렁크, 여행용 가방 │ **弄坏** nònghuài 망가트리다, 부수다
15 **望京** Wàngjīng 왕징 │ **机场大巴** jīchǎngdàbā 공항버스

▶ 우리말을 보고 중국어로 말해 보세요.

11	수하물은 어디서 찾나요?
12	KE809 항공편의 짐은 어디서 찾나요?
13	제 짐을 찾을 수가 없어요.
14	제 트렁크가 망가졌어요.
15	왕징으로 가는 공항버스가 있나요?

TIP

11 수하물 찾는 곳은 行李提取处 xíngli tíqǔchù라고 합니다.
15 望京은 베이징의 한인 밀집 거주 지역입니다.

A 请出示护照。
Qǐng chūshì hùzhào.

B 好的。
Hǎode.

A 你来中国的目的是什么?
Nǐ lái Zhōngguó de mùdì shì shénme?

B 我是来旅游的。
Wǒ shì lái lǚyóu de.

A 打算停留多长时间?
Dǎsuàn tíngliú duō cháng shíjiān?

B 一个星期。
Yí ge xīngqī.

A 你打算住哪儿?
Nǐ dǎsuàn zhù nǎr?

B 我住朋友家。
Wǒ zhù péngyou jiā.

A 好的，祝你旅途愉快!
Hǎode, zhù nǐ lǚtú yúkuài!

B 谢谢!
Xièxie!

해석 A 여권을 제시해 주시기 바랍니다. B 알겠습니다. A 중국에 오신 목적이 무엇인가요? B 여행차 왔습니다. A 얼마 동안 체류하실 예정인가요? B 일주일이요. A 어디서 머무를 예정인가요? B 친구 집에서 묵습니다. A 알겠습니다. 즐거운 여행 되세요! B 감사합니다!

단어 旅途 lǚtú 여정, 여행길

02마디

●

숙소에서 쓰는 표현

체크인할 때

▶ mp3를 듣고, 따라 말해 보세요.

01
最晚几点办理入住手续?
Zuì wǎn jǐ diǎn bànlǐ rùzhù shǒuxù?

02
我会比较晚办理入住手续。
Wǒ huì bǐjiào wǎn bànlǐ rùzhù shǒuxù.

03
请不要取消预订。
Qǐng búyào qǔxiāo yùdìng.

04
我预订了一个双人间。
Wǒ yùdìngle yí ge shuāngrénjiān.

05
请把证件给我看一下。
Qǐng bǎ zhèngjiàn gěi wǒ kàn yíxià.

단어

01 晚 wǎn (규정된 시간이나 적합한 시간보다) 늦다 | 入住 rùzhù 숙박하다, 체크인하다
03 取消 qǔxiāo 취소하다 | 预订 yùdìng 예약(하다)
04 双人间 shuāngrénjiān 트윈 룸
05 证件 zhèngjiàn (신분이나 경력) 증명서

▶ 우리말을 보고 중국어로 말해 보세요.

01 체크인은 몇 시까지 가능한가요?

02 조금 늦게 체크인을 할 것 같습니다.

03 예약 취소하지 마세요.

04 트윈 룸 예약했습니다.

05 신분증 좀 보여 주세요.

TIP

04 숙소에는 트윈 룸을 의미하는 双人间 외에도 여러 가지 형태의 방이 있습니다. 다른 형태의 방들은 중국어로 뭐라고 하는지 알아두었다가 호텔 예약 시 활용해 보세요.
　例 大床间 dàchuángjiān 큰 침대가 하나 있는 더블 룸 /
　　单人间 dānrénjiān 작은 침대가 하나 있는 싱글 룸

체크인할 때

▶ mp3를 듣고, 따라 말해 보세요.

06
有没有房间?
Yǒu méiyǒu fángjiān?

07
我想要个风景好点的房间。
Wǒ xiǎng yào ge fēngjǐng hǎo diǎn de fángjiān.

08
我能先看一下房间吗?
Wǒ néng xiān kàn yíxià fángjiān ma?

09
有没有更好的房间?
Yǒu méiyǒu gèng hǎo de fángjiān?

10
就住这个房间吧。
Jiù zhù zhège fángjiān ba.

단어

06 **房间** fángjiān 방
07 **风景** fēngjǐng 경치, 풍경
09 **更** gèng 더, 훨씬

▶ 우리말을 보고 중국어로 말해 보세요.

06 방 있나요?

07 전망 좋은 방으로 부탁합니다.

08 먼저 방을 좀 볼 수 있을까요?

09 더 좋은 방은 없어요?

10 이 방에서 묵을게요.

표현

06 묵을 수 있는 빈 방이 있는지 묻는 표현입니다. "有空房吗? Yǒu kòng fáng ma?"라고 해도 비슷한 의미를 나타낼 수 있습니다.

TIP

07 바다가 있는 도시로 여행을 갔다면, 바다의 전경이 훤히 내려다 보이는 전망의 방을 요구해 보세요. '바다가 보이는 방'은 海景房 hǎijǐngfáng이라고 합니다.

01

체크인할 때

▶ mp3를 듣고, 따라 말해 보세요.

11
这是您的房卡。
Zhè shì nín de fángkǎ.

12
请再确认一下。
Qǐng zài quèrèn yíxià.

13
请帮我拿一下行李。
Qǐng bāng wǒ ná yíxià xíngli.

14
请明天7点半叫醒我。
Qǐng míngtiān qī diǎn bàn jiàoxǐng wǒ.

15
客房服务电话是多少?
Kèfáng fúwù diànhuà shì duōshao?

단어

11 **房卡** fángkǎ 룸키, 방 카드
12 **确认** quèrèn 확인하다, (사실이나 원칙 등을) 명확히 인정하다
13 **拿** ná 가지다, 잡다
14 **半** bàn 절반, 2분의 1 | **叫醒** jiàoxǐng 깨우다
15 **客房服务** kèfáng fúwù 룸서비스 | **电话** diànhuà 전화

▶ 우리말을 보고 중국어로 말해 보세요.

---

11   여기 룸키입니다.

---

12   다시 한번 확인해 주세요.

---

13   짐 옮기는 것 좀 도와주세요.

---

14   내일 7시 반에 모닝콜 부탁드립니다.

---

15   룸서비스 전화는 몇 번인가요?

TIP

15   호텔에서는 客房服务 외에도 여러 가지 서비스를 이용할 수 있습니다.
   📖 叫醒服务 jiàoxǐng fúwù 모닝콜 서비스 / 洗衣服务 xǐyī fúwù 세탁 서비스

요청과 서비스 이용하기

▶ mp3를 듣고, 따라 말해 보세요.

01
早餐几点开始?
Zǎocān jǐ diǎn kāishǐ?

02
餐厅在哪儿?
Cāntīng zài nǎr?

03
有没有可以用电脑的地方?
Yǒu méiyǒu kěyǐ yòng diànnǎo de dìfang?

04
哪儿可以发传真?
Nǎr kěyǐ fā chuánzhēn?

05
健身中心几点开门?
Jiànshēn zhōngxīn jǐ diǎn kāimén?

단어

01 **早餐** zǎocān 아침 식사
02 **餐厅** cāntīng 식당
03 **电脑** diànnǎo 컴퓨터
04 **传真** chuánzhēn 팩스
05 **健身中心** jiànshēn zhōngxīn 피트니스센터 | **开门** kāimén 영업을 시작하다, 문을 열다

▶ 우리말을 보고 중국어로 말해 보세요.

01 아침 식사는 몇 시부터예요?

02 식당은 어디에 있나요?

03 컴퓨터를 사용할 수 있는 곳이 있나요?

04 어디서 팩스를 보낼 수 있나요?

05 피트니스센터는 몇 시에 열어요?

TIP

03 인터넷 사용이 가능하며 컴퓨터, 팩스, 복사기 등이 구비되어 있어 간단한 업무 처리를 할 수 있는 호텔의 비즈니스 센터는 商务服务中心 shāngwù fúwù zhōngxīn이라고 합니다.

요청과 서비스 이용하기

▶ mp3를 듣고, 따라 말해 보세요.

06
我被锁在外面了。
Wǒ bèi suǒ zài wàimian le.

07
我的房间没有热水。
Wǒ de fángjiān méiyǒu rèshuǐ.

08
请再送一些毛巾到601房间。
Qǐng zài sòng yìxiē máojīn dào liù líng yāo fángjiān.

09
能不能给我换个房间?
Néng bu néng gěi wǒ huàn ge fángjiān?

10
房间的吹风机坏了。
Fángjiān de chuīfēngjī huài le.

단어

06 锁 suǒ 잠그다

07 热水 rèshuǐ 따뜻한 물

08 送 sòng 보내다, 배달하다 | 一些 yìxiē 약간, 조금 | 毛巾 máojīn 수건 | 到 dào …에, …로

10 吹风机 chuīfēngjī 드라이어 | 坏 huài 고장 나다, 망가지다

▶ 우리말을 보고 중국어로 말해 보세요.

06 방에 키를 놓아둔 채 문을 잠갔어요.

07 방에 따뜻한 물이 안 나와요.

08 601호로 수건 몇 개 더 가져다주세요.

09 방 좀 바꿔 주실 수 있나요?

10 방에 있는 드라이어가 고장 났어요.

표현

08 방 번호, 전화번호에 있는 숫자 一는 'yī'가 아닌 'yāo'로 읽어야 하는 것에 주의하세요.

10 방 안의 물건이 고장 났다면 '…坏了'를 활용해 불만 사항을 제기할 수 있습니다.

예 空调坏了。Kōngtiáo huài le. 에어컨이 고장 났어요.

요청과 서비스 이용하기

▶ mp3를 듣고, 따라 말해 보세요.

11 **请打扫我们的房间。**
Qǐng dǎsǎo wǒmen de fángjiān.

12 **几点退房?**
Jǐ diǎn tuìfáng?

13 **我想延长一天。**
Wǒ xiǎng yáncháng yì tiān.

14 **这个是什么费用?**
Zhège shì shénme fèiyòng?

15 **请帮我叫一辆出租车。**
Qǐng bāng wǒ jiào yí liàng chūzūchē.

단어

11 **打扫** dǎsǎo 청소하다
12 **退房** tuìfáng 체크아웃하다
13 **延长** yáncháng 연장하다
14 **费用** fèiyòng 비용
15 **叫** jiào 부르다, 호출하다 | **辆** liàng 대[차량을 세는 단위] | **出租车** chūzūchē 택시

▶ 우리말을 보고 중국어로 말해 보세요.

11 저희 방 청소해 주세요.

---

12 체크아웃은 몇 시인가요?

---

13 하루 더 연장하고 싶어요.

---

14 이건 무슨 비용인가요?

---

15 택시 한 대 불러 주세요.

TIP

14 중국의 호텔은 체크인 시 押金 yājīn이라고 하는 보증금을 받습니다. 체크아웃할 때 보증금이 잘 환불 되었는지 영수증 항목을 꼼꼼히 확인하세요.

A 你好！我预订了一个双人间。
　　Nǐ hǎo! Wǒ yùdìngle yí ge shuāngrénjiān.

B 请把证件给我看一下。
　　Qǐng bǎ zhèngjiàn gěi wǒ kàn yíxià.

A 好的，这是我的护照。
　　Hǎode, zhè shì wǒ de hùzhào.

B 您的房间在601，这是您的房卡。
　　Nín de fángjiān zài liù líng yāo, zhè shì nín de fángkǎ.

A 电梯在哪儿？
　　Diàntī zài nǎr?

B 电梯在左边。
　　Diàntī zài zuǒbian.

A 餐厅在哪儿？
　　Cāntīng zài nǎr?

B 西餐厅在二楼，中餐厅在三楼。
　　Xīcāntīng zài èr lóu, zhōngcāntīng zài sān lóu.

A 请帮我拿一下行李。
　　Qǐng bāng wǒ ná yíxià xíngli.

B 好的。
　　Hǎode.

해석 A 안녕하세요! 트윈 룸 예약했습니다. B 신분증 좀 보여 주세요. A 네, 여기 제 여권입니다. B 방은 601호이고, 여기 룸키입니다. A 엘리베이터는 어디에 있나요? B 엘리베이터는 왼쪽에 있습니다. A 식당은 어디에 있어요? B 양식당은 2층에 있고, 중식당은 3층에 있습니다. A 짐 옮기는 것 좀 도와주세요. B 알겠습니다.

단어 **电梯** diàntī 엘리베이터 ┃ **左边** zuǒbian 왼쪽 ┃ **西餐厅** xīcāntīng 양식당 ┃ **楼** lóu 층 ┃
中餐厅 zhōngcāntīng 중식당

03마디

•

관광지에서 쓰는 표현

관광지 문의하기

▶ mp3를 듣고, 따라 말해 보세요.

01
一日游去哪儿好?
Yírìyóu qù nǎr hǎo?

02
有什么可看的景点?
Yǒu shénme kěkàn de jǐngdiǎn?

03
都有哪些旅游路线?
Dōu yǒu nǎxiē lǚyóu lùxiàn?

04
附近有什么好玩儿的?
Fùjìn yǒu shénme hǎowánr de?

05
年轻人喜欢去哪儿?
Niánqīngrén xǐhuan qù nǎr?

단어

01 **一日游** yírìyóu 1일 관광 코스, 1일 투어
02 **可看** kěkàn 볼만하다 | **景点** jǐngdiǎn 명소, 명승지
03 **哪些** nǎxiē 어느 것들, 어떤 것들 | **路线** lùxiàn 코스
04 **附近** fùjìn 근처, 부근 | **好玩儿** hǎowánr 재미있다, 놀기가 좋다
05 **年轻人** niánqīngrén 젊은 사람, 젊은이

▶ 우리말을 보고 중국어로 말해 보세요.

01   1일 투어로는 어디가 좋을까요?

02   볼만한 명소에는 무엇이 있나요?

03   어떤 관광 코스가 있나요?

04   근처에 놀 만한 곳이 있나요?

05   젊은 사람들은 어디에 가는 것을 좋아하나요?

표현

02 '可…的'를 활용해 '…할 만한 가치가 있다'라는 표현을 할 수 있습니다.
예 可听的 kětīng 들을 만하다 / 可吃的 kěchī 먹을 만하다

관광지 문의하기

▶ mp3를 듣고, 따라 말해 보세요.

06
能给我一张观光地图吗?
Néng gěi wǒ yì zhāng guānguāng dìtú ma?

07
旅游信息问询处在哪儿?
Lǚyóu xìnxī wènxúnchù zài nǎr?

08
我想找一个导游。
Wǒ xiǎng zhǎo yí ge dǎoyóu.

09
有观光巴士吗?
Yǒu guānguāngbāshì ma?

10
有游船吗?
Yǒu yóuchuán ma?

단어

06 **观光** guānguāng 관광하다, 견학하다 | **地图** dìtú 지도

07 **信息** xìnxī 정보, 소식 | **问询处** wènxúnchù 안내소

08 **导游** dǎoyóu 가이드, 안내원

09 **观光巴士** guānguāngbāshì 시티투어버스

10 **游船** yóuchuán 유람선

▶ 우리말을 보고 중국어로 말해 보세요.

06 관광 지도 한 장 주시겠어요?

07 관광 안내소는 어디에 있어요?

08 가이드를 섭외하고 싶어요.

09 시티투어버스가 있나요?

10 유람선이 있나요?

TIP

09 짧은 여행 일정이라면 도시의 명소를 돌며 구경할 수 있는 시티투어버스를 한번 타 보는 것도 좋습니다.

관광지 문의하기

▶ mp3를 듣고, 따라 말해 보세요.

11 最近有什么庆祝活动?
Zuìjìn yǒu shénme qìngzhù huódòng?

12 来回需要多长时间?
Láihuí xūyào duō cháng shíjiān?

13 出口在哪儿?
Chūkǒu zài nǎr?

14 你走错了。
Nǐ zǒu cuò le.

15 从这里可以出去吗?
Cóng zhèlǐ kěyǐ chūqù ma?

단어

11 **庆祝** qìngzhù 경축하다 ┃ **活动** huódòng 행사, 활동
12 **来回** láihuí 왕복하다, 왔다 갔다 하다 ┃ **需要** xūyào 필요하다
13 **出口** chūkǒu 출구
15 **出去** chūqù 나가다

▶ 우리말을 보고 중국어로 말해 보세요.

11   요즘 무슨 축제가 열리나요?

12   왕복 얼마나 걸리나요?

13   출구가 어디예요?

14   당신 길 잘못 들어섰어요.

15   여기로 나갈 수 있나요?

TIP

13 관광 명소에서 자주 보이는 표지판의 뜻을 알아두세요.

예 入口 rùkǒu 입구 / 公共卫生间 gōnggòng wèishēngjiān 공중화장실 /
停车场 tíngchēchǎng 주차장

관광지 문의하기

▶ mp3를 듣고, 따라 말해 보세요.

16 博物馆几点开门?
Bówùguǎn jǐ diǎn kāimén?

17 表演几点开始?
Biǎoyǎn jǐ diǎn kāishǐ?

18 有韩语解说吗?
Yǒu Hányǔ jiěshuō ma?

19 在哪儿排队?
Zài nǎr páiduì?

20 这附近有足底按摩吗?
Zhè fùjìn yǒu zúdǐ ànmó ma?

단어

16 **博物馆** bówùguǎn 박물관
17 **表演** biǎoyǎn 공연
18 **韩语** Hányǔ 한국어 ┃ **解说** jiěshuō 해설(하다)
19 **排队** páiduì 순서대로 정렬하다, 줄을 서다
20 **足底按摩** zúdǐ ànmó 발 마사지

▶ 우리말을 보고 중국어로 말해 보세요.

16 박물관은 몇 시에 여나요?

17 공연은 몇 시에 시작하나요?

18 한국어 해설 있어요?

19 어디에서 줄을 서나요?

20 이 근처에 발 마사지하는 곳 있나요?

표현

16 박물관의 폐관 시간이 궁금하다면 开门 대신 关门 guānmén을 넣어 "博物馆几点关门? Bówùguǎn jǐ diǎn guānmén?"이라고 물어보면 됩니다.

TIP

20 발 마사지를 받으며 적절한 서비스를 요청해 보세요.

    예 轻一点儿。Qīng yìdiǎnr. 좀 살살해 주세요.
       这儿再多按一下。Zhèr zài duō àn yíxià. 여기 좀 더 해 주세요.

▶ mp3를 듣고, 따라 말해 보세요.

01
门票多少钱一张?
Ménpiào duōshao qián yì zhāng?

02
这个票包括所有的景点吗?
Zhège piào bāokuò suǒyǒu de jǐngdiǎn ma?

03
有优惠票吗?
Yǒu yōuhuìpiào ma?

04
请给我两张成人票。
Qǐng gěi wǒ liǎng zhāng chéngrénpiào.

05
要两张成人票，一张儿童票。
Yào liǎng zhāng chéngrénpiào, yì zhāng értóngpiào.

단어

01 门票 ménpiào 입장권 | 钱 qián 값, 비용
02 票 piào 표, 티켓 | 包括 bāokuò 포함하다 | 所有 suǒyǒu 모든, 전부의
03 优惠票 yōuhuìpiào 우대권
04 成人票 chéngrénpiào 성인 표
05 儿童票 értóngpiào 어린이 표

▶ 우리말을 보고 중국어로 말해 보세요.

| 01 | 입장권 한 장에 얼마예요? |

| 02 | 이 티켓으로 모든 명소를 볼 수 있나요? |

| 03 | 우대권 있나요? |

| 04 | 성인 표 2장 주세요. |

| 05 | 성인 표 2장, 어린이 표 1장이요. |

TIP

02 몇몇의 관광 명소는 입장권 외에 따로 표를 구매해야 구경할 수 있습니다. 들어가기 전, 모든 명소를 볼 수 있는 표인지 미리 확인하세요.

▶ mp3를 듣고, 따라 말해 보세요.

06
这儿可以照相吗?
Zhèr kěyǐ zhàoxiàng ma?

07
能帮我们照张相吗?
Néng bāng wǒmen zhào zhāng xiàng ma?

08
哪儿有纪念品店?
Nǎr yǒu jìniànpǐndiàn?

09
哪儿可以买明信片?
Nǎr kěyǐ mǎi míngxìnpiàn?

10
这儿有什么土特产?
Zhèr yǒu shénme tǔtèchǎn?

단어

06 **这儿** zhèr 여기, 이곳 | **照相** zhàoxiàng 사진을 찍다
08 **纪念品店** jìniànpǐndiàn 기념품 가게
09 **买** mǎi 사다 | **明信片** míngxìnpiàn 엽서
10 **土特产** tǔtèchǎn 특산품

▶ 우리말을 보고 중국어로 말해 보세요.

06   여기서 사진 찍어도 되나요?

07   저희 사진 좀 찍어 주실 수 있나요?

08   기념품 가게는 어디에 있나요?

09   어디서 엽서를 살 수 있나요?

10   이곳 특산품은 뭐예요?

TIP

06 관광지에서 사진을 찍기 전에 촬영 금지를 의미하는 禁止拍照 jìnzhǐ pāizhào 푯말이 있는지 확인하세요.

07 사진을 찍으려고 하는데 앞 사람이 시야를 가리고 있다면, 비켜 달라는 의미로 "请让一下。Qǐng ràng yíxià."라고 하며 양해를 구할 수 있습니다.

A 这儿有什么可看的景点吗?
Zhèr yǒu shénme kěkàn de jǐngdiǎn ma?

B 石人山和历史博物馆都不错。
Shírén Shān hé Lìshǐ Bówùguǎn dōu búcuò.

A 离这儿远吗?
Lí zhèr yuǎn ma?

B 不远, 你可以参加一日游。
Bù yuǎn, nǐ kěyǐ cānjiā yírìyóu.

A 一个人多少钱?
Yí ge rén duōshao qián?

B 大概150左右吧。
Dàgài yìbǎi wǔshí zuǒyòu ba.

A 这个票包括所有的景点吗?
Zhège piào bāokuò suǒyǒu de jǐngdiǎn ma?

B 是。
Shì.

A 包括午餐吗?
Bāokuò wǔcān ma?

B 应该包括。
Yīnggāi bāokuò.

해석 A 여기에 볼만한 명소는 뭐가 있나요? B 스런 산과 역사박물관이 괜찮습니다. A 여기에서 먼가요? B 멀지 않아요, 1일 투어에 참가하실 수 있습니다. A 1인당 얼마예요? B 대략 150위안 정도 합니다. A 이 티켓으로 모든 명소를 볼 수 있나요? B 네. A 점심이 포함되어 있나요? B 당연히 포 함되어 있습니다.

단어 **石人山** Shírén Shān 스런 산[허난 성에 위치한 산] | **历史博物馆** Lìshǐ Bówùguǎn 역 사박물관 | **离** lí …에서 | **远** yuǎn 멀다 | **参加** cānjiā 참가하다 | **大概** dàgài 대략, 아마 | **左右** zuǒyòu 내외, 쯤 | **午餐** wǔcān 점심 | **应该** yīnggāi 당연히 …할 것이다

04마디

·

긴급 상황에서
쓰는 표현

길을 잃었을 때

▶ mp3를 듣고, 따라 말해 보세요.

01 我的汉语不太好。
Wǒ de Hànyǔ bú tài hǎo.

02 有会说韩语的吗?
Yǒu huì shuō Hányǔ de ma?

03 这个是什么意思?
Zhège shì shénme yìsi?

04 我不知道该问哪位。
Wǒ bù zhīdào gāi wèn nǎ wèi.

05 我迷路了。
Wǒ mílù le.

단어

04 该 gāi …해야 한다 | 位 wèi 분

05 迷路 mílù 길을 잃다

▶ 우리말을 보고 중국어로 말해 보세요.

01 중국어를 잘 못합니다.

02 한국어 할 줄 아는 분 있나요?

03 이것은 무슨 뜻인가요?

04 어느 분께 여쭤 봐야 할지 모르겠어요.

05 길을 잃었어요.

TIP

01 해외에서 사건, 사고 및 위급 상황 발생 시 외교부의 '영사콜센터'에서 필요한 안내를 받을 수 있습니다. 휴대폰 자동로밍 시 (+82-2-3210-0404)번을 누른 후 통화 버튼으로 연결하면 됩니다. 그 밖에 스마트폰에서 한국 관광공사의 '저스트 터치 잇(JUST TOUCH IT)' 앱을 다운로드해 사용해 보세요. 여행 중 발생할 수 있는 다양한 상황에 대한 대처 방법이나 여행 전 준비해야 할 사항에 대해 알 수 있습니다.

도움 요청하기 ❶

▶ mp3를 듣고, 따라 말해 보세요.

01
我遇到大麻烦了。
Wǒ yùdào dà máfan le.

02
谁能帮我一下?
Shéi néng bāng wǒ yíxià?

03
能帮我一个忙吗?
Néng bāng wǒ yí ge máng ma?

04
电话可以借我用一下吗?
Diànhuà kěyǐ jiè wǒ yòng yíxià ma?

05
我该怎么办?
Wǒ gāi zěnme bàn?

단어

01 **遇到** yùdào 맞닥뜨리다, 봉착하다
03 **帮忙** bāngmáng 도움을 주다
04 **借** jiè 빌려주다, 빌리다

▶ 우리말을 보고 중국어로 말해 보세요.

01	큰 곤경에 처했어요.
02	누가 좀 도와주실 수 있나요?
03	좀 도와주시겠어요?
04	전화 좀 빌려주실 수 있나요?
05	어떻게 해야 하죠?

TIP

02 도움을 청한 후, 자신이 처한 상황에 대해 설명해 보세요.
  예 我被偷了。Wǒ bèi tōu le. 도둑 맞았어요.
  我受伤了。Wǒ shòushāng le. 다쳤어요.

도움 요청하기 ❷

▶ mp3를 듣고, 따라 말해 보세요.

01
附近哪儿有派出所?
Fùjìn nǎr yǒu pàichūsuǒ?

02
最近的药店在哪儿?
Zuì jìn de yàodiàn zài nǎr?

03
我要报警。
Wǒ yào bàojǐng.

04
请帮我叫救护车。
Qǐng bāng wǒ jiào jiùhùchē.

05
快叫大夫!
Kuài jiào dàifu!

단어

01 派出所 pàichūsuǒ 파출소
02 近 jìn 가깝다 | 药店 yàodiàn 약국
03 报警 bàojǐng 경찰에 신고하다
04 救护车 jiùhùchē 구급차
05 大夫 dàifu 의사

▶ 우리말을 보고 중국어로 말해 보세요.

01 근처에 파출소 어디 있어요?

02 가장 가까운 약국이 어디예요?

03 경찰에 신고할 거예요.

04 구급차 좀 불러 주세요.

05 빨리 의사를 불러 주세요!

표현

05 大夫 외에 医生 yīshēng 역시 의사를 의미하는 단어입니다. 간호사는 护士 hùshi라고 합니다.

TIP

02 여행 중 갑자기 몸이 아플 때를 대비해 관련 단어를 알아두세요.
예 医院 yīyuàn 병원 / 急诊室 jízhěnshì 응급실 / 感冒药 gǎnmàoyào 감기약

▶ mp3를 듣고, 따라 말해 보세요.

06
快打110!
Kuài dǎ yāo yāo líng!

07
快来人啊!
Kuài lái rén a!

08
救命啊!
Jiùmìng a!

09
小心, 危险!
Xiǎoxīn, wēixiǎn!

10
不要动!
Búyào dòng!

단어

06 **打** dǎ (전화를) 걸다
08 **救命** jiùmìng 목숨을 구하다
09 **危险** wēixiǎn 위험하다
10 **动** dòng 움직이다

🔊 4_4_3.mp3

▶ 우리말을 보고 중국어로 말해 보세요.

06	빨리 110에 전화해!
07	누구 없어요!
08	살려 주세요!
09	조심하세요, 위험해요!
10	움직이지 마세요!

TIP

06 110은 우리나라의 범죄 신고 번호인 112에 해당하며, 응급 의료, 병원 정보, 구급, 구조 신고는 120에 해당합니다.

A 糟了!
Zāo le!

B 怎么了?
Zěnme le?

A 我的钱包不见了。
Wǒ de qiánbāo bújiàn le.

B 被小偷偷了吗?
Bèi xiǎotōu tōu le ma?

A 不知道啊，我该怎么办?
Bù zhīdào a, wǒ gāi zěnme bàn?

B 报警吧。
Bàojǐng ba.

A 这附近哪儿有派出所?
Zhè fùjìn nǎr yǒu pàichūsuǒ?

B 你还是打110吧。
Nǐ háishi dǎ yāo yāo líng ba.

A 我的汉语不太好，你能帮帮我吗?
Wǒ de Hànyǔ bú tài hǎo, nǐ néng bāngbang wǒ ma?

B 好的。
Hǎode.

해석 A 큰일 났어! B 무슨 일이야? A 지갑이 안 보여. B 소매치기 당한 거야? A 모르겠어, 어떻게 해야 하지? B 경찰에 신고하자. A 여기 근처에 파출소 어디 있어? B 그냥 110에 전화 걸어 봐. A 중국어 잘 못하는데, 도와줄 수 있어? B 알았어.

단어 糟 zāo 야단나다, 잘못 되다 | 钱包 qiánbāo 지갑 | 不见 bújiàn (물건이) 없어지다, 보이지 않다 | 小偷 xiǎotōu 도둑 | 偷 tōu 훔치다 | 还是 háishi …하는 편이 더 좋다

중국에서 유용한 앱 BEST3

▲ 大众点评

▲ 百度地图

▲ 淘宝

1 大众点评 Dàzhòng diǎnpíng – **맛집 앱**

중국 여러 지역의 맛집, 배달 음식, 호텔 등의 정보와 방문 후기, 평점을 제공하는 앱입니다. 지역별 음식 종류와 분야별 순위를 확인할 수 있습니다.

2 百度地图 Bǎidù dìtú – **지도 / 길 찾기 앱**

지도 뿐만 아니라 길 찾기 기능이 있어, 여행이나 출장 시 유용한 앱입니다. 특히, 길 찾기 기능은 출발지와 도착지를 입력하면 빠른 길이나 예상 도착 시간, 환승 정보 등을 알 수 있습니다.

3 淘宝 Táobǎo – **쇼핑 앱**

한국에서 중국 물건을 직구할 수 있습니다. 만약, 중국에 1주일 이상 체류한다면, 숙소의 주소와 방 번호를 입력해 현지에서 직접 물건을 받아볼 수도 있습니다. 앱 외에 타오바오 인터넷 홈페이지(www.taobao.com)에서도 물건을 구입할 수 있습니다.

적재적소
장소와 상황별 표현

식당에서 쓰는 표현

주문하기

▶ mp3를 듣고, 따라 말해 보세요.

01
有位子吗?
Yǒu wèizi ma?

02
我们预订了位子。
Wǒmen yùdìngle wèizi.

03
我们一共三个人。
Wǒmen yígòng sān ge rén.

04
还有包间吗?
Hái yǒu bāojiān ma?

05
服务员，拿一下菜单吧。
Fúwùyuán, ná yíxià càidān ba.

> **단어**

01 **位子** wèizi 좌석, 자리

03 **一共** yígòng 모두, 전부

04 **包间** bāojiān (호텔이나 음식점의) 독방, 룸

05 **服务员** fúwùyuán 종업원, 웨이터 | **菜单** càidān 메뉴, 차림표

▶ 우리말을 보고 중국어로 말해 보세요.

01   자리 있나요?

02   저희 예약했어요.

03   모두 세 명입니다.

04   룸이 더 있나요?

05   여기요, 메뉴판 좀 가져다주세요.

주문하기

▶ mp3를 듣고, 따라 말해 보세요.

| 06 | **（服务员）点菜！** |
| | (Fúwùyuán) Diǎn cài! |

| 07 | **你们有什么特色菜?** |
| | Nǐmen yǒu shénme tèsècài? |

| 08 | **这个菜是用什么做的?** |
| | Zhège cài shì yòng shénme zuò de? |

| 09 | **他们吃的是什么?** |
| | Tāmen chī de shì shénme? |

| 10 | **有快一点儿的吗?** |
| | Yǒu kuài yìdiǎnr de ma? |

단어

06 **点** diǎn 주문하다 | **菜** cài 요리
07 **特色** tèsè 특별한, 특색 있는
09 **吃** chī 먹다

▶ 우리말을 보고 중국어로 말해 보세요.

06 (여기요) 주문이요!

07 특색 있는 요리는 무엇이 있나요?

08 이 음식은 뭘로 만들었나요?

09 저 사람들이 먹는 건 뭐예요?

10 좀 빨리 되는 것 있나요?

TIP

07 메뉴판의 수많은 요리 중 어떤 것을 시킬지 고민 된다면 그 음식점이 특히 잘하는 요리나, 대표 요리를 추천 받는 것도 좋습니다. 참고로 음식점의 간판 요리는 招牌菜 zhāopáicài라고 합니다.

▶ mp3를 듣고, 따라 말해 보세요.

11
有什么忌口的吗?
Yǒu shénme jìkǒu de ma?

12
这个辣吗?
Zhège là ma?

13
我不要辣的。
Wǒ búyào là de.

14
我不喜欢吃油腻的。
Wǒ bù xǐhuan chī yóunì de.

15
别放香菜。
Bié fàng xiāngcài.

단어

11 忌口 jìkǒu (병이나 다른 원인으로) 음식을 가리다

12 辣 là 맵다

14 油腻 yóunì 느끼하다, 기름지다

15 放 fàng 넣다, 타다 | 香菜 xiāngcài 고수

▶ 우리말을 보고 중국어로 말해 보세요.

11 가리는 음식 있나요?

12 이거 맵나요?

13 매운 거 빼 주세요.

14 전 느끼한 음식을 싫어해요.

15 고수는 넣지 마세요.

TIP

15 특별히 가리는 음식이 있다면 음식을 주문하기 전 '別放…'을 사용하여 미리 빼 달라고 요청하세요.
별 別放花椒。Bié fàng huājiāo. 향신료는 넣지 마세요.

01

주문하기

▶ mp3를 듣고, 따라 말해 보세요.

16 你给推荐几个菜吧。
Nǐ gěi tuījiàn jǐ ge cài ba.

17 来一个宫保鸡丁。
Lái yí ge gōngbǎojīdīng.

18 我要点这个。
Wǒ yào diǎn zhège.

19 我也要一样的。
Wǒ yě yào yíyàng de.

20 有什么喝的?
Yǒu shénme hē de?

단어

16 推荐 tuījiàn 추천하다
17 宫保鸡丁 gōngbǎojīdīng 궁바오지딩
20 喝 hē 마시다

▶ 우리말을 보고 중국어로 말해 보세요.

16   음식 몇 가지 추천해 주세요.

17   궁바오지딩 하나 주세요.

18   이걸로 주문할게요.

19   저도 같은 걸로요.

20   마실 것은 뭐가 있나요?

표현

17 여기서 来는 '…을 주세요'라는 의미입니다.

TIP

17 宫保鸡丁은 사각으로 썬 닭고기에 고추와 땅콩 등의 견과류를 넣어 볶은 요리로, 매콤한 맛이 한국인에게도 잘 맞는 편입니다.

알아두면 유용한 표현

▶ mp3를 듣고, 따라 말해 보세요.

01
味道怎么样?
Wèidao zěnmeyàng?

02
好吃。
Hǎochī.

03
味道不错。
Wèidao búcuò.

04
这个怎么吃?
Zhège zěnme chī?

05
这个菜是怎么做的?
Zhège cài shì zěnme zuò de?

단어

01 **味道** wèidao 맛
02 **好吃** hǎochī 맛있다

▶ 우리말을 보고 중국어로 말해 보세요.

01 맛이 어때요?

02 맛있어요.

03 맛이 좋아요.

04 이건 어떻게 먹어요?

05 이 요리는 어떻게 만들었나요?

첫째마당 둘째마당 셋째마당 넷째마당 다섯째마당

TIP

05 요리 이름에 쓰인 글자를 보면 그 요리가 어떤 방식으로 만들어졌는지 알 수 있는 경우가 있습니다.
쓰인 글자의 의미를 알아두었다가 주문 시 유용하게 활용하세요.
예 煮 zhǔ 끓이거나 삶은 요리 / 炒 chǎo 볶음 요리 / 炸 zhá 튀긴 요리 / 蒸 zhēng 찜 요리

알아두면 유용한 표현

▶ mp3를 듣고, 따라 말해 보세요.

06
换个杯子吧。
Huàn ge bēizi ba.

07
能换一下刚才点的菜吗?
Néng huàn yíxià gāngcái diǎn de cài ma?

08
能给我点辣椒吗?
Néng gěi wǒ diǎn làjiāo ma?

09
有没有餐巾纸?
Yǒu méiyǒu cānjīnzhǐ?

10
再加点水吧。
Zài jiā diǎn shuǐ ba.

단어

06 **杯子** bēizi 컵
07 **刚才** gāngcái 방금, 지금 막
08 **辣椒** làjiāo 고추
09 **餐巾纸** cānjīnzhǐ 종이 냅킨
10 **加** jiā 넣다, 더하다 | **水** shuǐ 물

▶ 우리말을 보고 중국어로 말해 보세요.

06	컵 좀 바꿔 주세요.
07	방금 전에 주문한 음식 변경할 수 있나요?
08	고추를 좀 더 주실 수 있나요?
09	냅킨 있나요?
10	물을 좀 더 부어 주세요.

TIP

06 중국의 음식점에서는 이가 나간 컵이나 그릇 등이 나오는 경우가 꽤 많습니다. 여기에는 손님이 많이 다녀가고 전통이 깊다는 좋은 의미가 담겨져 있으니, 기분 나빠하지 마세요.

10 주전자에 담긴 차를 다 마셨을 때 이 표현을 활용해 남은 찻잎에 물을 더 부어 마실 수 있습니다.

알아두면 유용한 표현

▶ mp3를 듣고, 따라 말해 보세요.

11 帮我们催一下菜吧。
Bāng wǒmen cuī yíxià cài ba.

12 请开发票。
Qǐng kāi fāpiào.

13 请把这些打包。
Qǐng bǎ zhèxiē dǎbāo.

14 (服务员)结账!
(Fúwùyuán) Jiézhàng!

15 今天我请客。
Jīntiān wǒ qǐngkè.

단어

11 催 cuī 재촉하다, 독촉하다
12 开 kāi (서류를) 작성하다 | 发票 fāpiào 영수증
13 这些 zhèxiē 이것들, 이러한 | 打包 dǎbāo 먹고 남은 음식을 싸다, 포장하다
14 结账 jiézhàng 계산하다
15 请客 qǐngkè 한턱내다, 대접하다

▶ 우리말을 보고 중국어로 말해 보세요.

11	음식 좀 재촉해 주세요.

12	영수증을 발행해 주세요.

13	이것들 좀 포장해 주세요.

14	(여기요) 계산할게요!

15	오늘 제가 살게요.

TIP

14 중국에서는 식사를 마친 후 먹은 자리에서 바로 계산을 하는 경우가 많습니다. 结账 외에 买单 mǎidān, 算账 suànzhàng 역시 계산서를 달라고 할 때 사용할 수 있는 표현입니다.

A 您要来点儿什么?
Nín yào lái diǎnr shénme?

B 有带图片的菜单吗?
Yǒu dài túpiàn de càidān ma?

A 对不起，没有。
Duìbuqǐ, méiyǒu.

B 那有什么特色菜?
Nà yǒu shénme tèsècài?

A 宫保鸡丁和红烧排骨都不错。
Gōngbǎojīdīng hé hóngshāopáigǔ dōu búcuò.

B 红烧排骨辣吗?
Hóngshāopáigǔ là ma?

A 不辣。
Bú là.

B 来一个红烧排骨。
Lái yí ge hóngshāopáigǔ.

A 还有什么忌口的吗?
Hái yǒu shénme jìkǒu de ma?

B 别放香菜。
Bié fàng xiāngcài.

해석　A 뭘로 주문하시겠습니까? B 사진이 있는 메뉴판 있나요? A 죄송합니다만, 없습니다. B 그럼 특색 있는 요리는 뭐가 있나요? A 궁바오지딩과 홍샤오파이구가 괜찮습니다. B 홍샤오파이구는 맵나요? A 맵지 않습니다. B 홍샤오파이구 하나 주세요. A 가리는 음식이 있으신가요? B 고수는 넣지 마세요.

단어　带 dài 포함하다 ｜ 图片 túpiàn 사진, 그림 ｜ 红烧排骨 hóngshāopáigǔ 홍샤오파이구[쓰촨식 갈비 요리]

백화점, 시장에서 쓰는 표현

01

물건 고르기

▶ mp3를 듣고, 따라 말해 보세요.

01
女性服装在几楼?
Nǚxìng fúzhuāng zài jǐ lóu?

02
我想买件大衣。
Wǒ xiǎng mǎi jiàn dàyī.

03
随便看看。
Suíbiàn kànkan.

04
我想看一下那个。
Wǒ xiǎng kàn yíxià nàge.

05
有没有跟这个一样的?
Yǒu méiyǒu gēn zhège yíyàng de?

단어

01 **女性** nǚxìng 여성, 여자 | **服装** fúzhuāng 의류, 복장
02 **件** jiàn 벌[옷을 세는 데 쓰임] | **大衣** dàyī 외투, 점퍼
03 **随便** suíbiàn 그냥 편한 대로, 마음대로
04 **那个** nàge 저것, 그것

▶ 우리말을 보고 중국어로 말해 보세요.

01 여성복은 몇 층이에요?

02 점퍼 하나 사려고요.

03 그냥 둘러볼게요. / 구경해 볼게요.

04 저것 좀 보고 싶어요.

05 이것과 같은 것 있나요?

TIP

01 자신이 원하는 제품이 중국어로는 뭐라고 하는지 알아두었다가 백화점 방문 시 알맞은 장소에 잘 찾아가 보세요.
   예 首饰 shǒushi 액세서리 / 化妆品 huàzhuāngpǐn 화장품 / 家电 jiādiàn 가전제품 / 家庭用品 jiātíng yòngpǐn 생활용품

03 물건을 구입하기 전 혼자 먼저 둘러보고 싶다면 종업원에게 "我先自己看看。Wǒ xiān zìjǐ kàn kan."이라고 하면 됩니다.

▶ mp3를 듣고, 따라 말해 보세요.

06
这是女式的吗?
Zhè shì nǚshì de ma?

07
有别的颜色吗?
Yǒu biéde yánsè ma?

08
这件有点儿小。
Zhè jiàn yǒudiǎnr xiǎo.

09
请给我大一号的。
Qǐng gěi wǒ dà yí hào de.

10
这件不太合适。
Zhè jiàn bú tài héshì.

단어

06 **女式** nǚshì 여성용

07 **别的** biéde 다른 것 | **颜色** yánsè 색, 색상

08 **小** xiǎo 작다

09 **号** hào 사이즈, 치수

10 **合适** héshì 어울리다

▶ 우리말을 보고 중국어로 말해 보세요.

06	이건 여성용인가요?
07	다른 색상이 있나요?
08	이 옷은 좀 작네요.
09	한 사이즈 큰 것으로 주세요.
10	이 옷은 별로 안 어울리는 것 같아요.

표현

09 한 사이즈 작은 걸 원한다면 大一号 대신 小一号를 넣어 표현합니다.

TIP

08 大와 小는 각각 사용하면 '크다', '작다'처럼 크기를 나타내지만, 합쳐서 大小라고 하면 '사이즈'라는 의미가 됩니다.

▶ mp3를 듣고, 따라 말해 보세요.

11
这件好像太花哨了。
Zhè jiàn hǎoxiàng tài huāshao le.

12
我想看看别的款式。
Wǒ xiǎng kànkan biéde kuǎnshì.

13
这个有165的吗?
Zhège yǒu yìbǎi liùshíwǔ de ma?

14
这个是真皮的吗?
Zhège shì zhēnpí de ma?

15
这是今年的款式吗?
Zhè shì jīnnián de kuǎnshì ma?

단어

11 花哨 huāshao 화려하다, 화사하다
12 款式 kuǎnshì 스타일, 디자인
14 真皮 zhēnpí 진짜 가죽

▶ 우리말을 보고 중국어로 말해 보세요.

11 이 옷은 너무 화려한 것 같아요.

....

12 다른 스타일을 좀 보고 싶어요.

....

13 키 165에 맞는 사이즈 있나요?

....

14 이건 진짜 가죽인가요?

....

15 이건 올해 나온 신상품인가요?

TIP

13 중국에서는 표현에서처럼 키에 따라 사이즈를 구분하기도 하고, 우리나라처럼 S/M/L로 사이즈를
   구분하기도 합니다.
   ⓔ 小号 xiǎohào S(스몰) / 中号 zhōnghào M(미디엄) / 大号 dàhào L(라지)

물건 고르기

▶ mp3를 듣고, 따라 말해 보세요.

16	**能试试吗?** Néng shìshi ma?

17	**试衣间在哪儿?** Shìyījiān zài nǎr?

18	**就要这件了。** Jiù yào zhè jiàn le.

19	**这个要两件。** Zhège yào liǎng jiàn.

20	**我再看看别的。** Wǒ zài kànkan biéde.

단어

16 **试** shì 시도하다, 시험 삼아 해 보다
17 **试衣间** shìyījiān 피팅룸, 탈의실

▶ 우리말을 보고 중국어로 말해 보세요.

16　　입어 볼 수 있나요? / 신어 볼 수 있나요?

17　　피팅룸은 어디에 있어요?

18　　이걸로 할게요.

19　　이걸로 두 벌 주세요.

20　　다른 것 좀 더 볼게요.

가격 흥정과 물건 구입하기

▶ mp3를 듣고, 따라 말해 보세요.

01 **多少钱?**
Duōshao qián?

02 **有没有更便宜的?**
Yǒu méiyǒu gèng piányi de?

03 **有点儿贵。**
Yǒudiǎnr guì.

04 **没有折扣吗?**
Méiyǒu zhékòu ma?

05 **付现金的话能便宜吗?**
Fù xiànjīn dehuà néng piányi ma?

단어

02 **便宜** piányi 싸다, 저렴하다
03 **贵** guì 비싸다
04 **折扣** zhékòu 할인
05 **付** fù 지불하다 | **现金** xiànjīn 현금 | **的话** dehuà …이면, …하다면

▶ 우리말을 보고 중국어로 말해 보세요.

01 얼마예요?

02 더 싼 것은 없나요?

03 조금 비싸네요.

04 할인 안 되나요?

05 현금으로 하면 싸게 해 주실 수 있나요?

TIP

04 중국은 할인율을 나타내는 방식이 우리나라와는 조금 다릅니다. 예를 들어 10% 할인을 한다고 하면
9折 jiǔ zhé라고 표시합니다. 이는 원래 가격에서 앞에 쓰인 숫자만큼 돈을 받는다는 의미로, 헷갈
리지 않게 주의하여야 합니다.

가격 흥정과 물건 구입하기

▶ mp3를 듣고, 따라 말해 보세요.

06
您怎么付款?
Nín zěnme fùkuǎn?

07
可以刷卡吗?
Kěyǐ shuākǎ ma?

08
可以从别的地方调货吗?
Kěyǐ cóng biéde dìfang diàohuò ma?

09
可以退换吗?
Kěyǐ tuìhuàn ma?

10
请帮我包装一下。
Qǐng bāng wǒ bāozhuāng yíxià.

단어

06 **付款** fùkuǎn 지불하다, 돈을 내다
07 **刷卡** shuākǎ 카드로 결제하다
08 **调货** diàohuò (물건이 있는 다른 곳으로부터) 건네받다
09 **退换** tuìhuàn 교환하다
10 **包装** bāozhuāng 포장하다

▶ 우리말을 보고 중국어로 말해 보세요.

06	어떤 방식으로 지불하시겠어요?
07	카드로 결제할 수 있나요?
08	다른 곳에서 물건을 받을 수 있을까요? / 주문할 수 있나요?
09	교환 가능한가요?
10	포장해 주세요.

TIP

07 중국에서는 VISA나 MASTER 카드보다는 '银联卡 yínliánkǎ 은련 카드'를 사용할 수 있는 가맹점이 훨씬 많기 때문에 출국 전 미리 만들어 두면 편리합니다.

08 调货는 고객이 사려고 하는 물건이 해당 매장에 없을 때 같은 브랜드의 다른 매장에서 물건을 가져와 원하는 물건을 구입할 수 있도록 주문해 주는 서비스입니다.

A 您想买什么?
Nín xiǎng mǎi shénme?

B 我想买件大衣。
Wǒ xiǎng mǎi jiàn dàyī.

A 这件您看怎么样?
Zhè jiàn nín kàn zěnmeyàng?

B 还不错,有别的颜色吗?
Hái búcuò, yǒu biéde yánsè ma?

A 还有棕色和黄色。
Hái yǒu zōngsè hé huángsè.

B 黄色挺好看的,多少钱?
Huángsè tǐng hǎokàn de, duōshao qián?

A 890。
Bābǎi jiǔshí.

B 有点儿贵,没有折扣吗?
Yǒudiǎnr guì, méiyǒu zhékòu ma?

A 现在可以打9折。
Xiànzài kěyǐ dǎ jiǔ zhé.

B 好的,那我再考虑一下。
Hǎode, nà wǒ zài kǎolǜ yíxià.

해석 A 뭐 사시려고요. B 점퍼 하나 사려고요. A 이 옷은 어떠세요? B 괜찮네요, 다른 색상 있나요? A 갈색과 노란색이 있습니다. B 노란색이 정말 예쁘네요. 얼마예요? A 890위안입니다. B 조금 비싸네요. 할인 안 되나요? A 지금 10% 할인 됩니다. B 알겠어요, 그럼 다시 좀 생각해 볼게요.

단어 棕色 zōngsè 갈색 | 黄色 huángsè 노란색 | 挺 tǐng 매우, 아주 | 好看 hǎokàn 아름답다, 보기 좋다 | 打折 dǎzhé 할인하다, 세일하다 | 考虑 kǎolǜ 생각하다, 고려하다

03마디

은행에서 쓰는 표현

통장 개설과 환전하기

▶ mp3를 듣고, 따라 말해 보세요.

01
怎么拿号码?
Zěnme ná hàomǎ?

02
我想存钱。
Wǒ xiǎng cúnqián.

03
我想办个存折。
Wǒ xiǎng bàn ge cúnzhé.

04
请帮我办活期的。
Qǐng bāng wǒ bàn huóqī de.

05
我想取钱。
Wǒ xiǎng qǔqián.

단어

01 **拿** ná 받다, 얻다 | **号码** hàomǎ 번호
02 **存钱** cúnqián 저금하다, 예금하다
03 **存折** cúnzhé 예금 통장
04 **活期** huóqī 보통 예금의, 비정기의
05 **取钱** qǔqián 돈을 찾다, 인출하다

▶ 우리말을 보고 중국어로 말해 보세요.

01   번호표는 어떻게 받나요?

02   저금을 하려고 합니다.

03   예금 통장을 개설하고 싶어요.

04   입출금 통장 만드는 것 좀 도와주세요.

05   돈을 찾으려고 합니다.

TIP

01 중국공상은행과 중국건설은행에서 번호표를 받으려면, 해당 은행의 카드를 보유하고 있어야 합니다. 카드가 없다면 은행 보안원에게 도움을 요청해 보세요.

통장 개설과 환전하기

▶ mp3를 듣고, 따라 말해 보세요.

06
我想换钱。
Wǒ xiǎng huànqián.

07
今天的汇率是多少?
Jīntiān de huìlǜ shì duōshao?

08
可以换韩币吗?
Kěyǐ huàn hánbì ma?

09
手续费是多少?
Shǒuxùfèi shì duōshao?

10
每天限额是多少?
Měitiān xiàn'é shì duōshao?

단어

06 **换钱** huànqián 환전하다
07 **汇率** huìlǜ 환율
08 **韩币** hánbì 원화
09 **手续费** shǒuxùfèi 수수료
10 **限额** xiàn'é 한도액, 한정 금액

▶ 우리말을 보고 중국어로 말해 보세요.

06   환전을 하려고 합니다.

07   오늘 환율은 얼마인가요?

08   원화로 바꿀 수 있나요?

09   수수료는 얼마인가요?

10   일일 한도액은 얼마인가요?

표현

10 이체 한도액은 转钱的限额 zhuǎnqián de xiàn'é, 출금 한도액은 取钱的限额 qǔqián de xiàn'é라고 합니다.

TIP

08 아직은 중국의 일부 은행에서만 원화에서 위안화로의 직접 환전이 가능합니다. 한국에서 미리 환전해 가거나, 숙소 근처의 은행에서 원화 환전이 가능한지 미리 확인해 두세요.

첫째마당 · 첫째마당 · 둘째마당 · 첫째마당 · 넷째마당 · **다섯째마당**

알아두면 유용한 표현

▶ mp3를 듣고, 따라 말해 보세요.

01
单子怎么填?
Dānzi zěnme tián?

02
能不能帮我填一下?
Néng bu néng bāng wǒ tián yíxià?

03
需要盖章或签字吗?
Xūyào gàizhāng huò qiānzì ma?

04
您带证件了吗?
Nín dài zhèngjiàn le ma?

05
这是我的护照。
Zhè shì wǒ de hùzhào.

단어

01 **单子** dānzi 리스트, 표, 증서 | **填** tián 기입하다, 써넣다

03 **盖章** gàizhāng 도장을 찍다 | **或** huò 또는, 혹은 | **签字** qiānzì 서명하다

04 **带** dài 가지다, 휴대하다

▶ 우리말을 보고 중국어로 말해 보세요.

01   신청서는 어떻게 기입하나요?

02   기입하는 것 좀 도와주실 수 있나요?

03   도장을 찍거나 사인을 해야 하나요?

04   신분증 가져오셨어요?

05   여기 제 여권입니다.

알아두면 유용한 표현

▶ mp3를 듣고, 따라 말해 보세요.

06

怎么设置密码?
Zěnme shèzhì mìmǎ?

07

密码是六位吧?
Mìmǎ shì liù wèi ba?

08

请输入你的密码。
Qǐng shūrù nǐ de mìmǎ.

09

请在右下角签字。
Qǐng zài yòuxiàjiǎo qiānzì.

10

我想换些新钱。
Wǒ xiǎng huàn xiē xīnqián.

단어

06 **设置** shèzhì 설치하다, 설정하다 | **密码** mìmǎ 비밀번호

07 **位** wèi 숫자의 자릿수

08 **输入** shūrù 입력하다

09 **右下角** yòuxiàjiǎo 오른쪽 하단

10 **新钱** xīnqián 신권

▶ 우리말을 보고 중국어로 말해 보세요.

06 비밀번호는 어떻게 설정하나요?

07 비밀번호는 여섯 자리죠?

08 비밀번호를 입력하세요.

09 오른쪽 하단에 서명해 주세요.

10 신권으로 바꾸고 싶습니다.

07 한국에서는 네 자리 비밀번호를 사용하는 반면, 중국은 여섯 자리의 비밀번호를 사용합니다.

알아두면 유용한 표현

▶ mp3를 듣고, 따라 말해 보세요.

11 银行利率是多少?
Yínháng lìlǜ shì duōshao?

12 可不可以自动转账?
Kě bu kěyǐ zìdòng zhuǎnzhàng?

13 可以汇款吗?
Kěyǐ huìkuǎn ma?

14 机器好像坏了。
Jīqì hǎoxiàng huài le.

15 我的卡出不来了。
Wǒ de kǎ chūbulái le.

단어

11 **利率** lìlǜ 이율
12 **自动转账** zìdòng zhuǎnzhàng 자동 이체를 하다
13 **汇款** huìkuǎn 송금하다
14 **机器** jīqì 기계, 기기
15 **卡** kǎ 카드 | **出不来** chūbulái 나오지 못하다

▶ 우리말을 보고 중국어로 말해 보세요.

11	은행 이율이 얼마예요?

12	자동 이체 가능한가요?

13	송금할 수 있나요?

14	기계가 고장 난 것 같아요.

15	제 카드가 나오지 않아요.

표현

13 당행 이체는 同行汇款 tóngháng huìkuǎn, 타행 이체는 跨行汇款 kuàháng huìkuǎn이라고
합니다.

A 您要办什么业务?
　Nín yào bàn shénme yèwù?

B 我要换钱。
　Wǒ yào huànqián.

A 您带证件了吗?
　Nín dài zhèngjiàn le ma?

B 这是我的护照。
　Zhè shì wǒ de hùzhào.

A 您要换多少钱?
　Nín yào huàn duōshao qián?

B 10万韩币。今天的汇率是多少?
　Shíwàn hánbì.　Jīntiān de huìlǜ shì duōshao?

A 1比173。
　Yī bǐ yìbǎi qīshísān

B 手续费呢?
　Shǒuxùfèi ne?

A 百分之三。
　Bǎifēnzhī sān.

B 请给我新钱。
　Qǐng gěi wǒ xīnqián.

··

해석　A 무슨 업무를 보시려고요? B 환전을 하려고 합니다. A 신분증은 가져오셨어요? B 여기 제 여권입니다. A 얼마나 환전하시려고요? B 10만 원이요. 오늘 환율은 얼마인가요? A 1대 173입니 다. B 수수료는요? A 3%입니다. B 신권으로 부탁드려요.

단어　业务 yèwù 업무 | 万 wàn 만[10,000] | 比 bǐ 대, 비율 | 呢 ne [문장 끝에서 의문을 나타냄] | 百分之 bǎifēnzhī 퍼센트[%]

교통수단에서
쓰는 표현

지하철 이용하기

▶ mp3를 듣고, 따라 말해 보세요.

01
请问，地铁站怎么走?
Qǐngwèn, dìtiězhàn zěnme zǒu?

02
一直往前走。
Yìzhí wǎng qián zǒu.

03
离这儿远吗?
Lí zhèr yuǎn ma?

04
车票在哪儿买?
Chēpiào zài nǎr mǎi?

05
自动售票机怎么用?
Zìdòng shòupiàojī zěnme yòng?

단어

01 **地铁站** dìtiězhàn 지하철역
02 **一直** yìzhí 곧장 | **往** wǎng …쪽으로 | **前** qián 앞
04 **车票** chēpiào 차표, 승차권
05 **自动售票机** zìdòng shòupiàojī 승차권 자동 발매기

▶ 우리말을 보고 중국어로 말해 보세요.

01 실례합니다, 지하철역은 어떻게 가나요?

02 쭉 앞으로 가세요.

03 여기에서 먼가요?

04 승차권은 어디서 사나요?

05 승차권 자동 발매기는 어떻게 사용하나요?

05 승차권 자동 발매기 용어를 알아두었다가 중국 방문 시 직접 표를 구입해 보세요.

　　⑩ 路线图 lùxiàntú 노선도 / 选择 xuǎnzé 선택 / 投入 tóurù 투입하다, 넣다 / 路线 lùxiàn
　　　　노선 / 张数 zhāngshù 승차권의 장수 / 金额 jīn'é 금액 / 充值 chōngzhí 충전 / 出发
　　　　chūfā 출발지 / 到达 dàodá 도착지

▶ mp3를 듣고, 따라 말해 보세요.

06
去西单坐几号线?
Qù Xīdān zuò jǐ hào xiàn?

07
在哪一站换乘2号线?
Zài nǎ yí zhàn huànchéng èr hào xiàn?

08
下一站是动物园吗?
Xià yí zhàn shì dòngwùyuán ma?

09
这趟车去望京吗?
Zhè tàng chē qù Wàngjīng ma?

10
去人民广场的出口是几号?
Qù Rénmín Guǎngchǎng de chūkǒu shì jǐ hào?

단어

06 **西单** Xīdān 시단 | **坐** zuò 교통수단을 타다 | **线** xiàn 노선

07 **站** zhàn 역, 정거장 | **换乘** huànchéng 환승하다

08 **动物园** dòngwùyuán 동물원

09 **趟** tàng 번[교통 수단의 정기적인 운행 횟수를 세는 데 쓰임] | **车** chē 차

10 **人民广场** Rénmín Guǎngchǎng 런민 광장

▶ 우리말을 보고 중국어로 말해 보세요.

06   시단에 가려면 몇 호선을 타야 해요?

07   어느 역에서 2호선으로 환승해야 하나요?

08   다음 역이 동물원인가요?

09   이 차는 왕징에 가나요?

10   런민 광장과 연결되는 출구는 몇 번이에요?

TIP

06 西单은 베이징의 유명한 쇼핑 거리 중 하나로, 거리 양옆으로 백화점과 쇼핑몰이 가득 들어서 있습니다.

택시 이용하기

▶ mp3를 듣고, 따라 말해 보세요.

01
出租车在哪儿坐?
Chūzūchē zài nǎr zuò?

02
师傅，请去这个地方。
Shīfu, qǐng qù zhège dìfang.

03
去西单要多长时间?
Qù Xīdān yào duō cháng shíjiān?

04
请快一点。
Qǐng kuài yìdiǎn.

05
请走最近的路。
Qǐng zǒu zuì jìn de lù.

단어

02 **师傅** shīfu 기사님, 선생님
05 **路** lù 길, 도로

▶ 우리말을 보고 중국어로 말해 보세요.

01   택시는 어디서 타나요?

02   기사님, 여기로 가 주세요.

03   시단까지 가려면 얼마나 걸리나요?

04   빨리 좀 가 주세요.

05   가장 빠른 길로 가 주세요.

표현

02 师傅는 운전기사, A/S 기사, 자전거 수리공, 요리사 등 기술이나 기능을 가진 사람에 대한 존칭으로 사용되는 단어입니다.

TIP

01 택시를 탔다면 운전기사가 미터기를 켜고 출발하는지 꼭 확인해야 합니다. 그래야 나중에 바가지요금 쓰는 것을 방지할 수 있습니다. 만약, 미터기를 켜지 않았다면 "打一下表吧。Dǎ yíxià biǎo ba."라고 기사님께 요청해 보세요.

택시 이용하기

▶ mp3를 듣고, 따라 말해 보세요.

06 就在这儿停。
Jiù zài zhèr tíng.

07 请在前面那个楼停。
Qǐng zài qiánmian nàge lóu tíng.

08 请打开一下后备箱。
Qǐng dǎkāi yíxià hòubèixiāng.

09 请把小票给我吧。
Qǐng bǎ xiǎopiào gěi wǒ ba.

10 零钱不用找了。
Língqián búyòng zhǎo le.

단어

06 **停** tíng 멈추다, 세우다

07 **前面** qiánmian 앞 | **楼** lóu 건물, 빌딩

08 **打开** dǎkāi 열다 | **后备箱** hòubèixiāng 트렁크, 짐칸

09 **小票** xiǎopiào 영수증

10 **零钱** língqián 잔돈, 거스름돈 | **找** zhǎo 거슬러 주다

▶ 우리말을 보고 중국어로 말해 보세요.

06   여기서 세워 주세요.

07   앞 건물에서 세워 주세요.

08   트렁크 좀 열어 주세요.

09   영수증 주세요.

10   잔돈은 안 주셔도 돼요.

TIP

09 중국도 우리나라처럼 심야 할증 요금이 시간이 있는데, 오후 9시부터 익일 오전 5시까지입니다. 참고로 우리나라는 밤 0시부터 익일 오전 4시까지가 할증 요금 시간입니다.

버스 이용하기

▶ mp3를 듣고, 따라 말해 보세요.

01 **坐几路车能去火车站?**
Zuò jǐ lù chē néng qù huǒchēzhàn?

02 **有直达的公交车吗?**
Yǒu zhídá de gōngjiāochē ma?

03 **几分钟一趟车?**
Jǐ fēnzhōng yí tàng chē?

04 **这儿卖交通卡吗?**
Zhèr mài jiāotōngkǎ ma?

05 **请充三十块钱。**
Qǐng chōng sānshí kuài qián.

단어

01 **路** lù 노선 | **火车站** huǒchēzhàn 기차역

02 **直达** zhídá 직행하다, 직통하다 | **公交车** gōngjiāochē 버스

03 **分钟** fēnzhōng 분

04 **卖** mài 팔다, 판매하다 | **交通卡** jiāotōngkǎ 교통 카드

05 **充** chōng 충전하다, 채우다 | **块** kuài 중국의 화폐 단위로 위안에 해당함

▶ 우리말을 보고 중국어로 말해 보세요.

01 몇 번 버스를 타야 기차역에 갈 수 있나요?

02 직행버스가 있나요?

03 몇 분마다 차가 있나요?

04 여기서 교통 카드 파나요?

05 30위안 충전해 주세요.

표현

01 버스의 노선 번호를 말할 때는 号가 아닌 路를 사용합니다.

05 화폐 단위 중 块와 角 jiǎo는 입말에서, 元과 毛 máo는 글말에서 많이 사용합니다.

▶ mp3를 듣고, 따라 말해 보세요.

01 售票口在什么地方?
Shòupiàokǒu zài shénme dìfang?

02 有到广州的火车票吗?
Yǒu dào Guǎngzhōu de huǒchēpiào ma?

03 有卧铺票吗?
Yǒu wòpùpiào ma?

04 请帮我放一下行李吧。
Qǐng bāng wǒ fàng yíxià xíngli ba.

05 请问，餐车在几号车厢?
Qǐngwèn, cānchē zài jǐ hào chēxiāng?

단어

01 **售票口** shòupiàokǒu 매표소
02 **广州** Guǎngzhōu 광저우 | **火车票** huǒchēpiào 기차표
03 **卧铺票** wòpùpiào 침대 칸 표
05 **餐车** cānchē 식당 칸 | **车厢** chēxiāng 객실, 차량

▶ 우리말을 보고 중국어로 말해 보세요.

01	매표소는 어디에 있나요?

02	광저우로 가는 기차표 있나요?

03	침대 칸 표 있나요?

04	캐리어 좀 놓아 주세요.

05	실례합니다, 식당 칸은 몇 번 차량에 있나요?

TIP

03 중국은 장거리를 운행하는 열차가 많아 좌석의 종류도 일반 좌석부터 침대, 입석까지 다양합니다.
원하는 좌석의 중국어 명칭을 알아두었다가 기차표 예매 시 활용해 보세요.
硬座 yìngzuò 딱딱한 일반 좌석 / 软座 ruǎnzuò 푹신한 좌석 / 硬卧 yìngwò 딱딱한 3층
침대 / 软卧 ruǎnwò 푹신한 2층 침대 / 站票 zhànpiào 입석

A 售票口在什么地方?
　 Shòupiàokǒu zài shénme dìfang?

B 在那边的大厅里。
　 Zài nàbiān de dàtīnglǐ.
　 ……

A 请问，有到广州的火车票吗?
　 Qǐngwèn, yǒu dào Guǎngzhōu de huǒchēpiào ma?

B 你要硬座还是卧铺?
　 Nǐ yào yìngzuò háishi wòpù?

A 卧铺有下铺吗?
　 Wòpù yǒu xiàpù ma?

B 有的。
　 Yǒu de.

A 多少钱一张?
　 Duōshao qián yì zhāng?

B 450一张。
　 Sìbǎi wǔshí yì zhāng.

A 来两张吧。
　 Lái liǎng zhāng ba.

B 好的。
　 Hǎode.

해석 A 매표소는 어디에 있나요? B 저쪽 로비 안에 있습니다. …… A 실례합니다. 광저우로 가는 기차표 있나요? B 일반석이요, 아니면 침대 칸이요? A 침대 칸 맨 아랫자리 있나요? B 있습니다. A 한 장에 얼마인가요? B 한 장에 450위안입니다. A 두 장 주세요. B 알겠습니다.

단어 那边 nàbiān 그쪽, 저쪽 | 大厅 dàtīng 홀, 로비 | 里 lǐ 내부, 안 | 硬座 yìngzuò 일반석[딱딱한 좌석을 말함] | 还是 háishi 또는, 아니면 | 下铺 xiàpù (침대 칸의) 가장 아래 침대

중국에서 절대 실패하지 않는 메뉴!

鱼香肉丝 yúxiāngròusī
돼지고기 채소 볶음

宫保鸡丁 gōngbǎojīdīng
닭고기 견과류 볶음

糖醋里脊 tángcùlǐjǐ
탕수육

干锅菜花 gānguōcàihuā
매운 브로콜리와 채소 볶음

铁板牛肉 tiěbǎnniúròu
철판 소고기 볶음

西红柿炒鸡蛋 xīhóngshìchǎojīdàn
토마토 달걀 볶음

중국어 필수 표현
무작정 따라하기

•

특별부록
주제별 단어 정리

숫자

数字	shùzì	숫자
一	yī	하나, 1
二	èr	둘, 2
三	sān	셋, 3
四	sì	넷, 4
五	wǔ	다섯, 5
六	liù	여섯, 6
七	qī	일곱, 7
八	bā	여덟, 8
九	jiǔ	아홉, 9
十	shí	열, 10
零	líng	영, 0
十一	shíyī	열하나, 11
四十	sìshí	마흔, 40
百	bǎi	백, 100
一百零一	yìbǎi líng yī	백일, 101
千	qiān	천, 1,000
万	wàn	만, 10,000
十万	shíwàn	십만
百万	bǎiwàn	백만
亿	yì	억
兆	zhào	조

年	nián	년
月	yuè	월
日	rì	일
星期	xīngqī	주, 요일
礼拜	lǐbài	주, 요일
周	zhōu	주, 요일
星期一	xīngqīyī	월요일
星期二	xīngqī'èr	화요일
星期三	xīngqīsān	수요일
星期四	xīngqīsì	목요일
星期五	xīngqīwǔ	금요일
星期六	xīngqīliù	토요일
星期天	xīngqītiān	일요일
星期日	xīngqīrì	일요일
周末	zhōumò	주말
前天	qiántiān	그저께
昨天	zuótiān	어제
今天	jīntiān	오늘
明天	míngtiān	내일
后天	hòutiān	모레
每天	měitiān	매일
去年	qùnián	작년

今年	jīnnián	올해
明年	míngnián	내년
上(个)星期	shàng(ge) xīngqī	지난주
这(个)星期	zhè(ge) xīngqī	이번 주
下(个)星期	xià(ge) xīngqī	다음 주
上(个)月	shàng(ge) yuè	지난달
这(个)月	zhè(ge) yuè	이번 달
下(个)月	xià(ge) yuè	다음 달
一月	yīyuè	1월
二月	èryuè	2월
三月	sānyuè	3월
四月	sìyuè	4월
五月	wǔyuè	5월
六月	liùyuè	6월
七月	qīyuè	7월
八月	bāyuè	8월
九月	jiǔyuè	9월
十月	shíyuè	10월
十一月	shíyīyuè	11월
十二月	shí'èryuè	12월
凌晨	língchén	새벽
早上	zǎoshang	아침
上午	shàngwǔ	오전

中午	zhōngwǔ	점심, 정오
下午	xiàwǔ	오후
晚上	wǎnshang	저녁, 밤
夜间	yèjiān	야간
时候	shíhou	때, 시각
小时	xiǎoshí	시간
点	diǎn	시
分钟	fēnzhōng	분
秒	miǎo	초
过	guò	지나다
差	chà	부족하다, 모자라다

날씨

天气	tiānqì	날씨
晴	qíng	맑다
阴	yīn	흐리다
热	lè	덥다
冷	lěng	춥다
暖和	nuǎnhuo	따뜻하다
凉快	liángkuai	시원하다
好	hǎo	좋다
坏	huài	나쁘다

下雨	xiàyǔ	비가 오다
下雪	xiàxuě	눈이 오다
下霜	xiàshuāng	서리가 내리다
多云	duōyún	구름이 많다
刮风	guāfēng	바람이 불다
打雷	dǎléi	천둥이 치다
闪电	shǎndiàn	번개가 번쩍이다
阳光	yángguāng	햇빛
空气	kōngqì	공기
气温	qìwēn	기온
度	dù	도

개인 신상

姓名	xìngmíng	이름
性别	xìngbié	성별
年龄	niánlíng	나이
国籍	guójí	국적
出生日期	chūshēng rìqī	생년월일
出生地点	chūshēng dìdiǎn	출생지
职业	zhíyè	직업
工作单位	gōngzuò dānwèi	직장

家庭	jiātíng	가정
家人	jiārén	가족
亲戚	qīnqi	친척
父亲	fùqīn	아버지
母亲	mǔqīn	어머니
爸爸	bàba	아빠
妈妈	māma	엄마
哥哥	gēge	오빠, 형
姐姐	jiějie	언니, 누나
弟弟	dìdi	남동생
妹妹	mèimei	여동생
兄弟姐妹	xiōngdìjiěmèi	형제자매
爷爷	yéye	친할아버지
奶奶	nǎinai	친할머니
伯伯	bóbo	큰아버지
叔叔	shūshu	작은아버지, 삼촌
姑姑	gūgu	고모
堂哥	tánggē	사촌 오빠, 사촌 형
堂姐	tángjiě	사촌 언니, 사촌 누나
外公	wàigōng	외할아버지
外婆	wàipó	외할머니
姥爷	lǎoye	외할아버지(입말)

姥姥	lǎolao	외할머니(입말)
舅舅	jiùjiu	외삼촌
姨	yí	이모
表弟	biǎodì	외종[이종]사촌 남동생
表妹	biǎomèi	외종[이종]사촌 여동생
丈夫	zhàngfu	남편
妻子	qīzi	아내
先生	xiānsheng	남편
太太	tàitai	아내
孩子	háizi	자녀, 아이
儿子	érzi	아들
女儿	nǚ'ér	딸
男人	nánrén	남자
女人	nǚrén	여자
小孩儿	xiǎoháir	아이, 꼬마
大人	dàren	성인, 어른
青年	qīngnián	청년, 젊은이
年轻人	niánqīngrén	젊은 사람, 젊은이
中年人	zhōngniánrén	중년
老年人	lǎoniánrén	노인
南方人	nánfāngrén	남방 사람
北方人	běifāngrén	북방 사람
东方人	Dōngfāngrén	동양인

西方人	Xīfāngrén	서양인
外国人	wàiguórén	외국인
朋友	péngyou	친구
同学	tóngxué	학교 친구, 동창
同事	tóngshì	동료

일/직업

工作	gōngzuò	직업
退休	tuìxiū	퇴직하다
职员	zhíyuán	회사원
公务员	gōngwùyuán	공무원
商人	shāngrén	상인
工人	gōngrén	노동자
农民	nóngmín	농민
自由业者	zìyóuyèzhě	프리랜서
工程师	gōngchéngshī	엔지니어
科学家	kēxuéjiā	과학자
医生	yīshēng	의사
大夫	dàifu	의사
护士	hùshi	간호사
律师	lǜshī	변호사
会计师	kuàijìshī	회계사

教授	jiàoshòu	교수
老师	lǎoshī	선생님
艺术家	yìshùjiā	예술가
画家	huàjiā	화가
作家	zuòjiā	작가
翻译家	fānyìjiā	통역가, 번역가
演员	yǎnyuán	배우
记者	jìzhě	기자
经理	jīnglǐ	매니저
秘书	mìshū	비서
服务员	fúwùyuán	종업원
警察	jǐngchá	경찰

장소/위치/방위

住址	zhùzhǐ	주소
国	guó	국가
省	shěng	성
市	shì	시
区	qū	구
县	xiàn	현
街	jiē	큰길, 거리
路	lù	길, 도로

号	hào	번호
城市	chéngshì	도시
郊区	jiāoqū	교외, 도시, 변두리
农村	nóngcūn	농촌, 시골
乡	xiāng	시골, 향
村	cūn	마을
胡同	hútòng	골목
地区	dìqū	지역
高速公路	gāosùgōnglù	고속도로
立交桥	lìjiāoqiáo	인터체인지[IC]
十字路口	shízìlùkǒu	사거리
丁字路口	dīngzìlùkǒu	삼거리
红绿灯	hónglùdēng	신호등
人行道	rénxíngdào	인도
步行街	bùxíngjiē	보행자 전용 도로
桥	qiáo	다리
居民区	jūmínqū	주택 단지
存车处	cúnchēchù	자전거 보관소
停车场	tíngchēchǎng	주차장
方向	fāngxiàng	방향
离	lí	…에서, …로부터
远	yuǎn	멀다
近	jìn	가깝다

附近	fùjìn	근처, 부근
对面	duìmiàn	맞은편, 건너편
向	xiàng	…로, …를 향하여
往	wǎng	…로 향하다, …쪽으로
转弯	zhuǎnwān	모퉁이를 돌다
穿过	chuānguò	통과하다, 건너다
东	dōng	동
西	xī	서
南	nán	남
北	běi	북
前	qián	앞
后	hòu	뒤
左	zuǒ	왼쪽
右	yòu	오른쪽
上	shàng	위
下	xià	아래
里边	lǐbian	안쪽
外边	wàibian	바깥쪽
旁边	pángbiān	옆쪽
中间	zhōngjiān	중간, 가운데

명절/기념일

节日	jiérì	명절, 기념일
纪念日	jìniànrì	기념일
过节	guòjié	명절[기념일]을 보내다
元旦	Yuándàn	신정
除夕	chúxī	섣달 그믐날
春节	Chūnjié	설날
元宵节	Yuánxiāojié	정월 대보름
情人节	Qíngrénjié	밸런타인데이
妇女节	Fùnǚjié	국제 여성의 날
植树节	Zhíshùjié	식목일
愚人节	Yúrénjié	만우절
清明节	Qīngmíngjié	청명절
劳动节	Láodòngjié	노동절
端午节	Duānwǔjié	단오절
儿童节	Értóngjié	어린이날
中秋节	Zhōngqiūjié	추석
重阳节	Chóngyángjié	중양절
教师节	Jiàoshījié	스승의날
国庆节	Guóqìngjié	국경절
圣诞节	Shèngdànjié	크리스마스

국가

亚洲	Yàzhōu	아시아
韩国	Hánguó	한국
中国	Zhōngguó	중국
日本	Rìběn	일본
泰国	Tàiguó	태국
马来西亚	Mǎláixīyà	말레이시아
新加坡	Xīnjiāpō	싱가포르
菲律宾	Fēilǜbīn	필리핀
美洲	Měizhōu	아메리카
美国	Měiguó	미국
加拿大	Jiānádà	캐나다
墨西哥	Mòxīgē	멕시코
智利	Zhìlì	칠레
阿根廷	Āgēntíng	아르헨티나
巴西	Bāxī	브라질
欧洲	Ōuzhōu	유럽
捷克	Jiékè	체코
英国	Yīngguó	영국
法国	Fǎguó	프랑스
荷兰	Hélán	네덜란드
西班牙	Xībānyá	스페인
意大利	Yìdàlì	이탈리아

瑞典	Ruìdiǎn	스웨덴
非洲	Fēizhōu	아프리카
加纳	Jiānà	가나
南非	Nánfēi	남아프리카 공화국
大洋洲	Dàyángzhōu	오세아니아
澳大利亚	Àodàlìyà	오스트레일리아
新西兰	Xīnxīlán	뉴질랜드

십이지/별자리

属	shǔ	…띠이다
属相	shǔxiàng	띠
鼠	shǔ	쥐
牛	niú	소
虎	hǔ	호랑이
兔	tù	토끼
龙	lóng	용
蛇	shé	뱀
马	mǎ	말
羊	yáng	양
猴	hóu	원숭이
鸡	jī	닭
狗	gǒu	개

猪	zhū	돼지
星座	xīngzuò	별자리
白羊座	báiyángzuò	양자리
金牛座	jīnniúzuò	황소자리
双子座	shuāngzǐzuò	쌍둥이자리
巨蟹座	jùxièzuò	게자리
狮子座	shīzizuò	사자자리
处女座	chǔnǚzuò	처녀자리
天秤座	tiānchèngzuò	천칭자리
天蝎座	tiānxiēzuò	전갈자리
射手座	shèshǒuzuò	사수자리
摩羯座	mójiézuò	염소자리
水瓶座	shuǐpíngzuò	물병자리
双鱼座	shuāngyúzuò	물고기자리

초대/방문

请客	qǐngkè	초대하다, 접대하다
做客	zuòkè	손님이 되다, 방문하다
串门	chuànmén	이웃집에 놀러 다니다
客人	kèren	손님, 방문객
来	lái	오다
去	qù	가다

看	kàn	보다
见面	jiànmiàn	만나다
有空	yǒu kòng	틈나다
有事	yǒu shì	일이 있다
迎接	yíngjiē	맞이하다, 마중하다
接	jiē	맞이하다, 마중하다
送行	sòngxíng	배웅하다
送	sòng	배웅하다, 데려다주다
出去	chūqù	나가다, 외출하다
开	kāi	열다, 개최하다
晚会	wǎnhuì	이브닝 파티
聚会	jùhuì	모임, 회식
贺卡	hèkǎ	축하 카드

겸양/소개/안부

谢谢	xièxie	감사합니다, 고맙습니다
不用谢	búyòngxiè	천만에요
不客气	búkèqi	별말씀을요
别客气	biékèqi	사양하지 마세요
对不起	duìbuqǐ	미안합니다, 죄송합니다
没关系	méi guānxi	괜찮습니다
打扰一下	dǎrǎo yíxià	실례합니다

请问	qǐngwèn	말씀 좀 여쭙겠습니다
贵姓	guìxìng	성씨, 존함
名字	míngzi	이름
叫	jiào	(이름이) …이다
什么	shénme	무엇, 무슨, 어떤
介绍	jièshào	소개하다
认识	rènshi	알다
一下	yíxià	좀 …해 보다
问候	wènhòu	안부를 묻다
身体	shēntǐ	몸, 건강
最近	zuìjìn	요즘, 최근
怎么样	zěnmeyàng	어떻다, 어떠하냐
一般	yìbān	보통이다

성격

友好	yǒuhǎo	우호적이다
亲切	qīnqiè	친절하다
热情	rèqíng	친절하다, 열정적이다
认真	rènzhēn	성실하다, 진지하다
可靠	kěkào	믿을 만하다, 믿음직하다
文静	wénjìng	얌전하다, 차분하다
随和	suíhé	상냥하다, 사이좋게 지내다

温柔	wēnróu	부드럽고 상냥하다
健谈	jiàntán	입담이 좋다
有趣	yǒuqù	재미있다
现实	xiànshí	현실적이다
内向	nèixiàng	내성적이다
礼貌	lǐmào	예의 바르다
粗鲁	cūlǔ	교양이 없다, 우악스럽다
性子	xìngzi	성격, 성질
急性子	jíxìngzi	조급한, 조급한 성격
慢性子	mànxìngzi	느긋한 성격

감정

感觉	gǎnjué	느낌, 느끼다
高兴	gāoxìng	기쁘다, 즐겁다
快乐	kuàilè	행복하다, 즐겁다
愉快	yúkuài	즐겁다, 기분이 좋다
满意	mǎnyì	만족하다
生气	shēngqì	화를 내다
伤心	shāngxīn	슬퍼하다, 마음 아파하다
担心	dānxīn	염려하다, 걱정하다
紧张	jǐnzhāng	불안하다
苦恼	kǔnǎo	괴롭다, 고민하다

难过	nánguò	괴롭다, 슬프다
痛苦	tòngkǔ	고통스럽다, 괴롭다
放心	fàngxīn	마음을 놓다, 안심하다
激动	jīdòng	감동하다, 흥분하다
笑	xiào	웃다
哭	kū	울다
累	lèi	지치다, 피곤하다

관심사/취미

爱好	àihào	취미
业余	yèyú	여가
喜欢	xǐhuan	좋아하다
旅游	lǚyóu	여행하다, 관광하다
旅行	lǚxíng	여행하다
小说	xiǎoshuō	소설
诗歌	shīgē	시, 시가
戏剧	xìjù	연극
娱乐	yúlè	예능, 오락
歌曲	gēqǔ	노래
流行	liúxíng	유행하다
乐器	yuèqì	악기
写作	xiězuò	글을 짓다, 창작하다

读书	dúshū	책을 읽다
绘画	huìhuà	그림을 그리다, 그림
唱歌	chànggē	노래를 부르다
跳舞	tiàowǔ	춤을 추다
摄影	shèyǐng	촬영을 하다
表演	biǎoyǎn	공연을 하다, 연기를 하다
音乐会	yīnyuèhuì	콘서트
舞会	wǔhuì	댄스파티
电影院	diànyǐngyuàn	영화관
剧场	jùchǎng	극장
音乐厅	yīnyuètīng	콘서트홀
博物馆	bówùguǎn	박물관
美术馆	měishùguǎn	미술관
展览馆	zhǎnlǎnguǎn	전시관

식당/음식/요리

饮食	yǐnshí	음식
食品	shípǐn	식품
牛肉	niúròu	소고기
猪肉	zhūròu	돼지고기
羊肉	yángròu	양고기
鸡肉	jīròu	닭고기

鸭肉	yāròu	오리고기
鱼	yǔ	생선
虾	xiā	새우
鸡蛋	jīdàn	달걀
米	mǐ	쌀
面	miàn	밀가루, 국수
水果	shuǐguǒ	과일
苹果	píngguǒ	사과
梨	lí	배
香蕉	xiāngjiāo	바나나
橙子	chéngzi	오렌지
草莓	cǎoméi	딸기
蔬菜	shūcài	채소
黄瓜	huángguā	오이
白菜	báicài	배추
萝卜	luóbo	무
胡萝卜	húluóbo	당근
大葱	dàcōng	대파
辣椒	làjiāo	고추
姜	jiāng	생강
蒜	suàn	마늘
花生	huāshēng	땅콩
豆腐	dòufu	두부

油	yóu	기름
盐	yán	소금
糖	táng	설탕, 사탕
酱油	jiàngyóu	간장
醋	cù	식초
胡椒粉	hújiāofěn	후춧가루
番茄酱	fānqiéjiàng	케첩
饮料	yǐnliào	음료
矿泉水	kuàngquánshuǐ	생수
果汁	guǒzhī	주스
咖啡	kāfēi	커피
汽水	qìshuǐ	탄산음료, 사이다
可乐	kělè	콜라
雪碧	xuěbì	스프라이트
牛奶	niúnǎi	우유
绿茶	lǜchá	녹차
红茶	hóngchá	홍차
啤酒	píjiǔ	맥주
烧酒	shāojiǔ	소주
白酒	báijiǔ	백주, 고량주
葡萄酒	pútáojiǔ	와인
零食	língshí	간식
蛋糕	dàngāo	케이크

瓜子	guāzǐ	꽈즈
巧克力	qiǎokèlì	초콜릿
饼干	bǐnggān	비스킷, 과자
就餐	jiùcān	식사하다
饭店	fàndiàn	식당
饭馆	fànguǎn	식당
餐馆	cānguǎn	식당, 음식점
中餐馆	zhōngcānguǎn	중식당
西餐馆	xīcānguǎn	양식당
快餐店	kuàicāndiàn	패스트푸드점
咖啡馆	kāfēiguǎn	커피숍
酒吧	jiǔbā	술집, 바
外卖	wàimài	포장 판매 음식
预订	yùdìng	예약하다
结账	jiézhàng	계산하다
小费	xiǎofèi	팁, 봉사료
服务费	fúwùfèi	서비스 비용
菜单	càidān	메뉴, 차림표
主食	zhǔshí	주식
米饭	mǐfàn	쌀밥
面条	miàntiáo	국수
饼	bǐng	전병
饺子	jiǎozi	교자

包子	bāozi	소가 든 찐빵
菜	cài	요리
小菜	xiǎocài	밑반찬
凉菜	liángcài	차가운 요리
汤	tāng	국, 탕
小吃	xiǎochī	스낵, 간단한 음식
三明治	sānmíngzhì	샌드위치
烧烤	shāokǎo	바비큐
汉堡包	hànbǎobāo	햄버거
比萨饼	bǐsàbǐng	피자
冰淇淋	bīngqílín	아이스크림
味道	wèidao	맛
咸	xián	짜다
甜	tián	달다
苦	kǔ	쓰다
辣	là	맵다
酸	suān	시다
淡	dàn	싱겁다
风味	fēngwèi	풍미, 맛
香	xiāng	맛이 좋다, 향기롭다
油腻	yóunì	기름지다, 느끼하다
餐具	cānjù	식기
碗	wǎn	그릇

盘子	pánzi	접시
杯子	bēizi	컵
筷子	kuàizi	젓가락
勺子	sháozi	국자, 숟가락
调羹	tiáogēng	(중국식) 국 숟가락
叉子	chāzi	포크
餐巾纸	cānjīnzhǐ	종이 냅킨
吃	chī	먹다
喝	hē	마시다
尝	cháng	맛보다
干杯	gānbēi	건배하다
好吃	hǎochī	맛있다
好喝	hǎohē	(음료 등이) 맛있다
可口	kěkǒu	맛있다, 입에 맞다
早饭	zǎofàn	아침밥
早餐	zǎocān	아침밥
午饭	wǔfàn	점심밥
午餐	wǔcān	점심밥
晚饭	wǎnfàn	저녁밥
晚餐	wǎncān	저녁밥

쇼핑

商业区	shāngyèqū	상업 지역
购物中心	gòuwù zhōngxīn	쇼핑센터
百货商店	bǎihuòshāngdiàn	백화점
商场	shāngchǎng	백화점, 쇼핑 센터
商店	shāngdiàn	상점
农贸市场	nóngmào shìcháng	농산물 시장
超级市场(超市)	chāojí shìcháng(chāoshì)	슈퍼마켓
便利店	biànlìdiàn	편의점
书店	shūdiàn	서점
购物	gòuwù	물건을 구입하다
种类	zhǒnglèi	종류
包	bāo	가방
箱子	xiāngzi	상자, 트렁크
日用品	rìyòngpǐn	일용품
化妆品	huàzhuāngpǐn	화장품
试衣间	shìyījiān	탈의실
试穿	shìchuān	입어 보다

색깔

彩色	cǎisè	색상, 컬러
红色	hóngsè	빨간색

黄色	huángsè	노란색
蓝色	lánsè	파란색, 남색
绿色	lǜsè	초록색
紫色	zǐsè	보라색
黑色	hēisè	검은색
白色	báisè	흰색
灰色	huīsè	회색
粉红色	fěnhóngsè	분홍색
橘黄色	júhuángsè	오렌지색
卡其色	kǎqísè	카키색
棕色	zōngsè	갈색
金色	jīnsè	금색
银色	yínsè	은색

옷/패션

衣着	yīzhuó	의복, 옷차림
衣服	yīfu	옷
穿	chuān	입다
大衣	dàyī	외투, 점퍼
衬衫	chènshān	와이셔츠, 남방
T恤衫	T-xùshān	T셔츠
裤子	kùzi	바지

裙子	qúnzi	치마
西装	xīzhuāng	슈트, 양복
休闲装	xiūxiánzhuāng	캐주얼, 평상복
雨衣	yǔyī	우비
运动服	yùndòngfú	운동복
袜子	wàzi	양말
鞋	xié	신발
皮鞋	píxié	구두
运动鞋	yùndòngxié	운동화
戴	dài	쓰다, 끼다, 차다
帽子	màozi	모자
手套	shǒutào	장갑
领带	lǐngdài	넥타이
围	wéi	두르다
围巾	wéijīn	목도리, 머플러, 스카프

은행

银行	yínháng	은행
现金	xiànjīn	현금
支票	zhīpiào	수표
兑换	duìhuàn	환전하다
换钱	huànqián	환전하다

外汇	wàihuì	외화, 외국환
外币	wàibì	외화, 외국 화폐
兑换率	duìhuànlǜ	환율
存钱	cúnqián	저금하다, 예금하다
存款	cúnkuǎn	저금하다, 예금하다
取钱	qǔqián	돈을 찾다, 인출하다
取款	qǔkuǎn	돈을 찾다, 인출하다
取款机	qǔkuǎnjī	현금 자동 입출급기[ATM]
密码	mìmǎ	비밀번호
手续费	shǒuxùfèi	수수료
转账	zhuǎnzhàng	계좌 이체하다
贷款	dàikuǎn	대출하다
利息	lìxī	이자
存折	cúnzhé	예금 통장
活期	huóqī	보통 예금의, 비정기의
定期	dìngqī	정기의, 정기적인
信用卡	xìnyòngkǎ	신용 카드
纸币	zhǐbì	지폐
硬币	yìngbì	동전
元	yuán	위안
块	kuài	콰이(입말, 위안에 해당함)
角	jiǎo	쟈오
毛	máo	마오(입말, 쟈오에 해당함)

交通工具	jiāotōnggōngjù	교통수단
交通	jiāotōng	교통
飞机	fēijī	비행기
火车	huǒchē	기차
地铁	dìtiě	지하철
公共汽车	gōnggòngqìchē	버스
公交车	gōngjiāochē	버스
出租车	chūzūchē	택시
计程车	jìchéngchē	택시
摩托车	mótuōchē	오토바이
自行车	zìxíngchē	자전거
机场	jīchǎng	공항
火车站	huǒchēzhàn	기차역
地铁站	dìtiězhàn	지하철역
汽车站	qìchēzhàn	정류장
车站	chēzhàn	역, 정류장, 터미널
港口	gǎngkǒu	항구
取票	qǔ piào	표를 찾다
往返	wǎngfǎn	왕복하다
单程	dānchéng	편도
头等舱	tóuděngcāng	일등석
经济舱	jīngjìcāng	이코노미석, 일반석

旅客	lǚkè	여행객
离港	lígǎng	출항하다
起飞	qǐfēi	이륙하다
降落	jiàngluò	착륙하다
正点	zhèngdiǎn	(교통상의) 정시
晚点	wǎndiǎn	연착하다
航空公司	hángkōnggōngsī	항공사
航班	hángbān	항공편
护照	hùzhào	여권
行李	xíngli	짐, 수하물
海关	hǎiguān	세관
检查	jiǎnchá	검사하다
转车	zhuǎnchē	차를 갈아타다
转	zhuǎn	돌다, 바꾸다, 전환하다
时刻表	shíkèbiǎo	시간표, 스케줄
月票	yuèpiào	월 정기권
上车	shàngchē	차에 타다
下车	xiàchē	차에서 내리다
候车室	hòuchēshì	대합실
检票	jiǎnpiào	검표하다
次	cì	순서, 차례, 번
辆	liàng	대
项目	xiàngmù	항목, 종류

全包旅游	quánbāo lǚyóu	패키지 여행
长途旅行	chángtú lǚxíng	장거리 여행
短途旅行	duǎntú lǚxíng	짧은 여행, 소풍
旅行社	lǚxíngshè	여행사
一日游	yírìyóu	1일 투어
三日游	sānrìyóu	3일 투어
跟团游	gēntuányóu	단체 관광
自由行	zìyóuxíng	자유 여행
旅游咨询中心	lǚyóu zīxún zhōngxīn	관광객 안내소
小册子	xiǎocèzi	소책자, 팸플릿
参观	cānguān	참관하다, 견학하다
游乐场	yóulèchǎng	놀이공원
公园	gōngyuán	공원
售票处	shòupiàochù	매표소
门票	ménpiào	입장권
票价	piàojià	티켓 가격
海报	hǎibào	포스터, 광고지
日程	rìchéng	일정, 스케줄
行程	xíngchéng	여정, 노정
出发地	chūfādì	출발지
目的地	mùdìdì	목적지, 도착지
洗	xǐ	인화하다
照片	zhàopiàn	사진

住宿	zhùsù	숙박하다
酒店	jiǔdiàn	대형 호텔
宾馆	bīnguǎn	호텔
旅馆	lǚguǎn	여관
单人间	dānrénjiān	1인실
双人间	shuāngrénjiān	2인실
入住	rùzhù	체크인
登记	dēngjì	체크인하다, 등록하다
办	bàn	처리하다
手续	shǒuxù	수속

유실물/긴급 상황

寻找	xúnzhǎo	찾다
查找	cházhǎo	찾다, 알아보다
丢失	diūshī	분실하다, 잃어버리다
失物	shīwù	유실물
东西	dōngxi	물건, 물품
钱包	qiánbāo	지갑
大使馆	dàshǐguǎn	대사관
形状	xíngzhuàng	생김새, 물체의 외관
描述	miáoshù	묘사하다
通知	tōngzhī	통지하다, 알리다

保险	bǎoxiǎn	보험
证人	zhèngrén	증인
报告	bàogào	보고서
火灾	huǒzāi	화재
地震	dìzhèn	지진
事故	shìgù	사고
小偷	xiǎotōu	도둑
救护车	jiùhùchē	구급차
失事	shīshì	불행한 사고가 발생하다
灭火	mièhuǒ	불을 끄다
救援	jiùyuán	구출하다, 지원하다
急救	jíjiù	응급 처치를 하다